围棋

速成围棋入门篇（中）

黄焰 金成来 著

姓 名	

图书在版编目（CIP）

速成围棋：入门篇（中）/〔韩〕黄焰 金成来著.—青岛：青岛出版社，2006.6
ISBN 978-7-5436-3701-6

Ⅰ.速... Ⅱ.①黄...②金... Ⅲ.围棋—基本知识 Ⅳ.G891.3

中国版本图书馆CIP数据核字(2006)第060826号

韩国乌鹭出版社授权出版
山东省版权局著作权合同登记号　图字：15-2006-048号

书　　名	速成围棋：入门篇（中）
作　　者	黄焰　金成来
出版发行	青岛出版社
社　　址	青岛市徐州路77号（266071）
本社网址	http://www.qdpub.com
邮购电话	13335059110　（0532）80998652
责任编辑	吴清波　E-mail：wqb@qdpub.com
印　　刷	青岛新新华印刷有限公司
出版日期	2006年6月第1版,2008年3月第7次印刷
开　　本	16开
印　　张	11
字　　数	220千
书　　号	ISBN 978-7-5436-3701-6
定　　价	18.00元

编校质量、盗版监督电话　（0532）80998671
青岛版图书售出后如发现印装质量问题,请寄回青岛出版社印刷物资处调换。
电话：(0532)80998826

前言

　　很多小朋友在学围棋，这对围棋界来讲是令人振奋的。有儿童教育是百年大计的说法，所以围棋从儿童抓起对于围棋的未来是至关重要的。尽管如此，从现实的角度来看围棋教育有很多需要改进的问题。特别是在围棋教育的一线直接与学生接触的老师的教学法和学生对教材理解程度留有很多有待研究的课题。这些问题虽在韩国棋院或协会、围棋学院等进行讨论研究，由于研究人员缺乏等原因还是满足不了围棋教育发展的需要。

　　笔者开始关心儿童围棋的入门教育是从2002年开办围棋教室开始的。虽然有20多年的围棋指导经历，由于指导的对象多数是一定围棋水平的学生，与年龄较小（七、八岁前后）学生，只进行较短时间（每天1小时）教育的教育方法是不同的。在入门教学当中笔者虽摸索着进行了研究，遇到的困难还是不少的。具体有两点，一是教材，二是教学法。

　　首先，笔者采用在韩国围棋教育最普及的教材，以此为中心进行教学。但是教材里缺少了很多入门过程需要的部分，其结果是学生的棋力没有得到预期的提高。这个内容的空缺就需要用教育者的能力来弥补，从这里也可看到没有教学法的研究成果导致的教学规范的混乱局面。

　　围棋教室在韩国形成已有10多年，但还没有系统而科学的像样的有关教学法的教材，这也说明我国的围棋教育还缺乏科学性和规范性。

　　笔者认识到入门教育的弊端和问题的严重性，为克服这些问题我们出版了这套教材。此教材适当降低了已有教材的难度，为改变以往把围棋看成是吃子游戏的错误想法，从1卷开始收入了地（空）和行棋等围棋基础概念。同时收录了有趣的提高思考能力的问题，以搞活教材的趣味性。注意力训练问题也是提高围棋兴趣的内容。希望我们的努力和教材能够抛砖引玉为围棋教育做出微薄的贡献，这也是我们编此教材的宗旨所在。我们为此将继续努力研究。

金成来 黄焰

中文版补言

　　2005年年初为了孩子的中文教育我来到了青岛，并开办了黄焰围棋社。在教学中使用了从韩国带回来的这套速成围棋教材，初学者学习围棋的兴趣浓了，棋力提高非常快。但因为文字不同，使用起来十分不便，于是便产生了把这套书引进到中国大陆出版的想法。感谢青岛出版社的领导和编辑有魄力，有远见，使得这套系列教材不久就要在中国大陆出版了。广大读者在使用中有什么意见和建议，欢迎批评指正。

黄焰

目 录

目 录

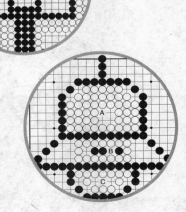

连接

连接是很重要的围棋技术，

其方法也多种多样。

本册学习虎口和双的连接。

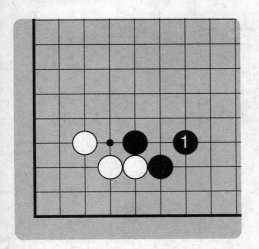

1图　黑1是虎口连接，简称"虎"。

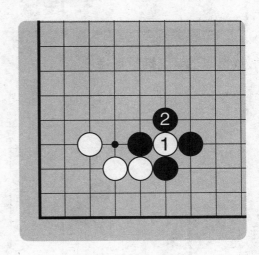

2图　白1断，则黑2提。

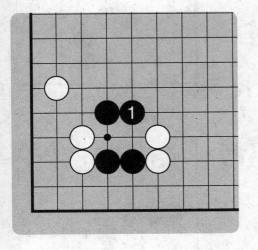

3图　黑1双，连接。

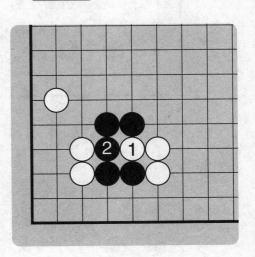

4图　白1冲，则黑2连，分不断。

1. 连接

找出黑的缺陷进行连接。

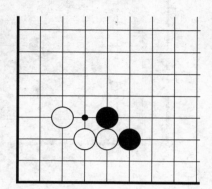

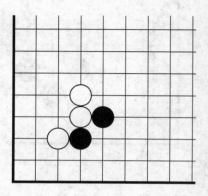

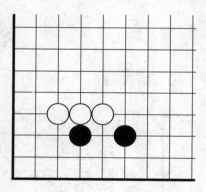

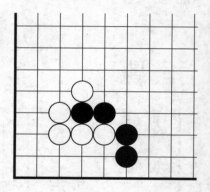

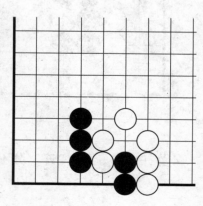

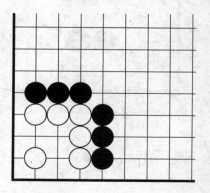

1. 连接

学习日期		月	日
检			

白1，请连接黑棋。

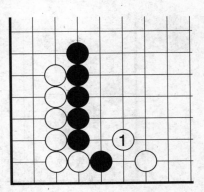

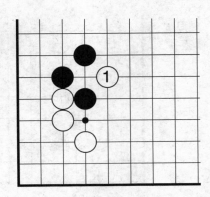

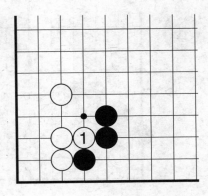

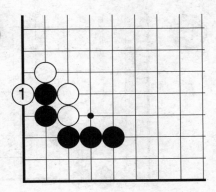

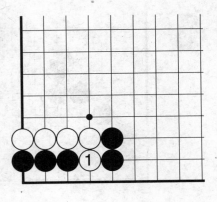

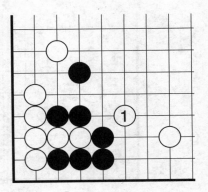

1. 连接

学习日期	月	日
检		

找出黑的缺陷并用虎进行连接。

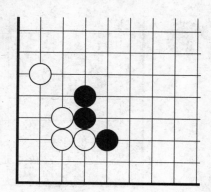

13

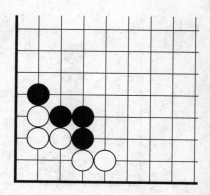

14

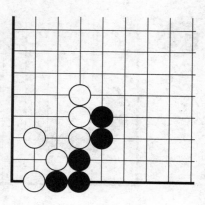

15

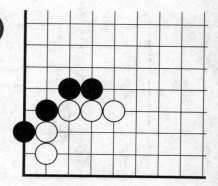

16

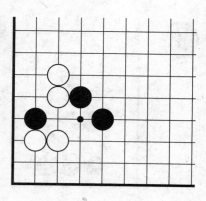

17

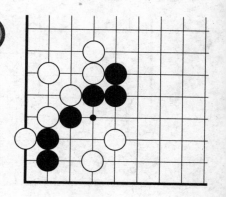

18

1. 连接

找出黑的缺陷并用双进行连接。

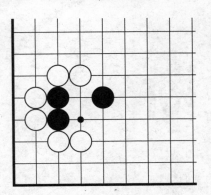

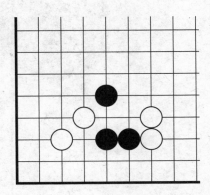

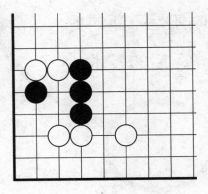

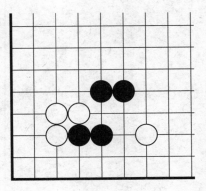

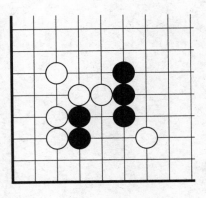

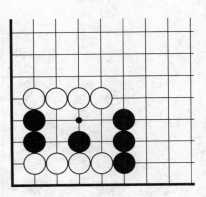

2

断

断会使对方的棋变弱。但断对方的棋子反

被对方吃还是不断的好。

本章学习断的技术。

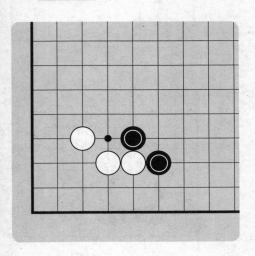

1图 黑⬤ 没有连在一起。

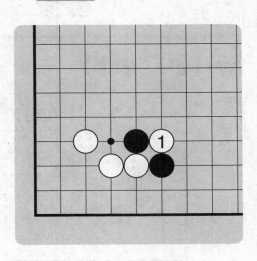

2图 白1断，黑棋将变弱。

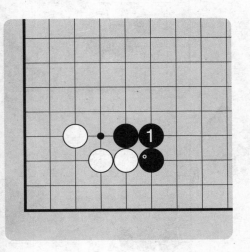

3图 所以，黑棋要赶紧在1位连
起来。

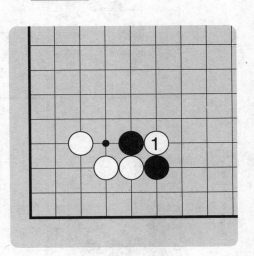

4图 从白的角度看，白1是好手。

2. 断

找出白的弱点，将其断开。

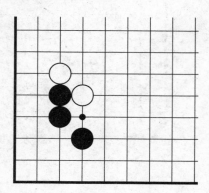

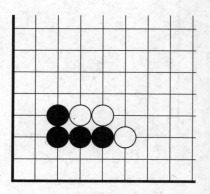

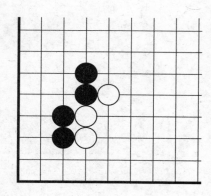

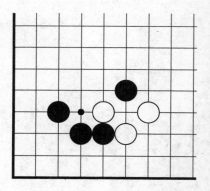

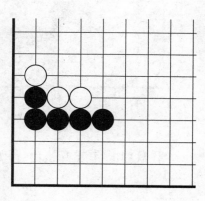

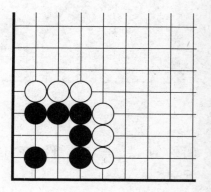

2. 断

白1，请将白断开。（1手）

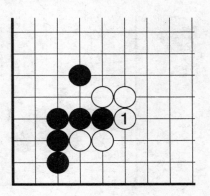

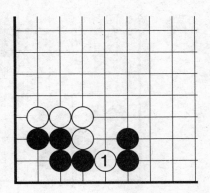

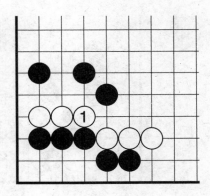

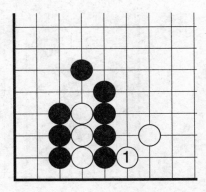

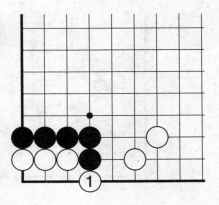

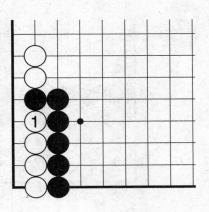

2. 断

白1，请将白吃住。(1手)

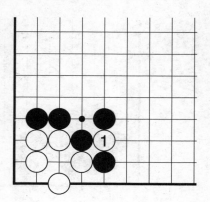

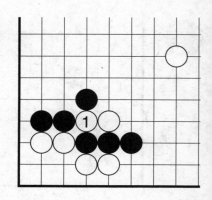

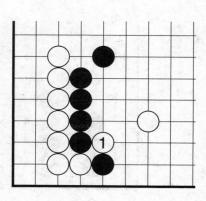

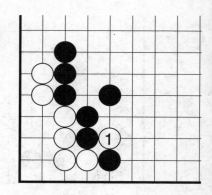

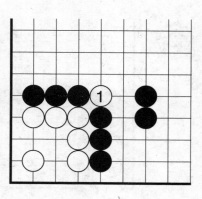

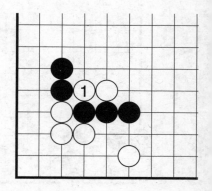

2. 断

白1断，请将白吃住。

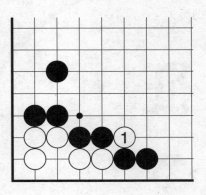

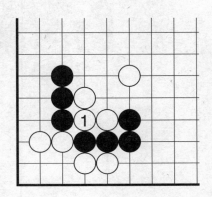

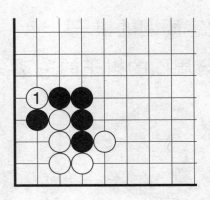

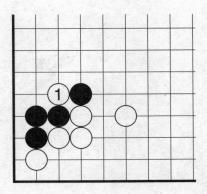

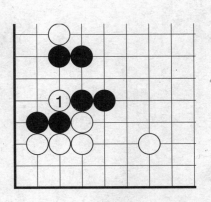

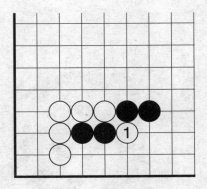

征

要征吃对方的子，

必须留意周围的棋子。

本章学习征与周围的棋子的关系。

1图

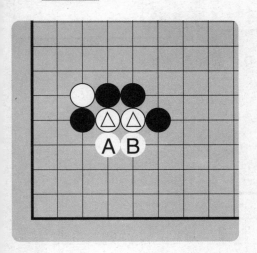

1图　吃白△时，可于A、B两处叫吃。

2图

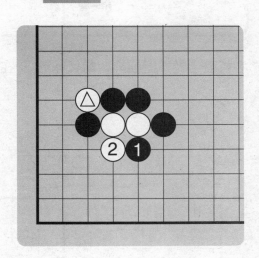

2图　但在黑1处征吃错误，因为白△防碍黑棋征吃。

3图

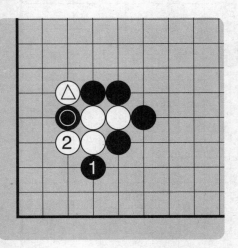

3图　如继续征吃则因白△，白2叫吃黑●导致不能继续征。

4图

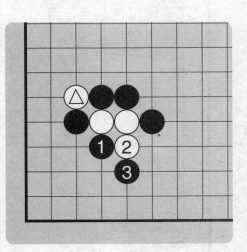

4图　所以，黑1才是正确的方向。

3. 征

在棋盘上做下图模样，练习征吃。（在 A 、 B 中选择正确的）

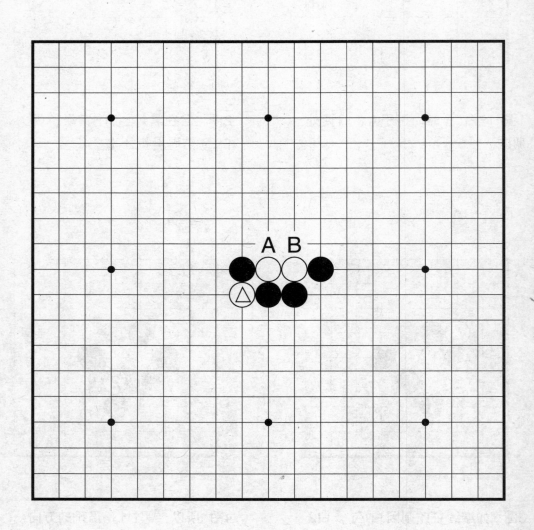

3. 征

学习日期	月	日
检		

因白△存在黑1正确画○，不正确画×。

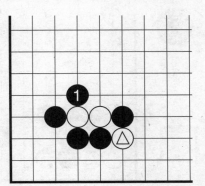

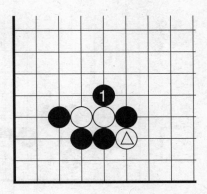

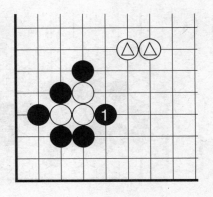

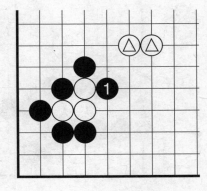

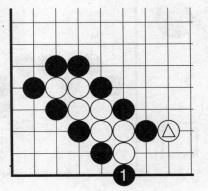

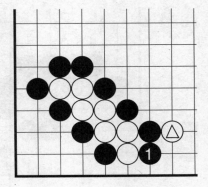

3. 征

因白存在，黑1正确画〇，不正确画✕。

8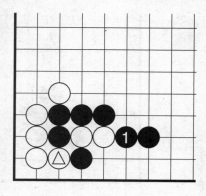

9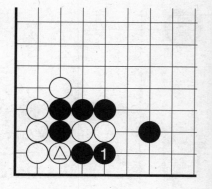

10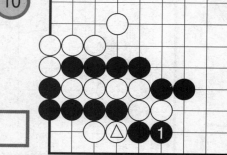

11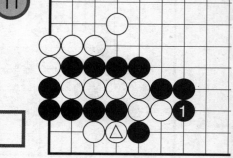

12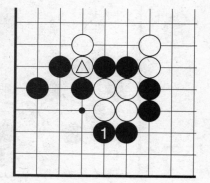

13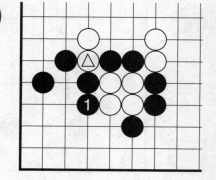

3. 征

学习日期	月	日
检		

黑1征正确请画O，如不正确请画X。

 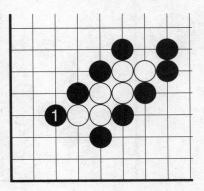

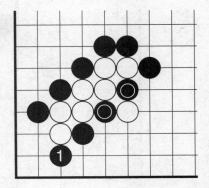

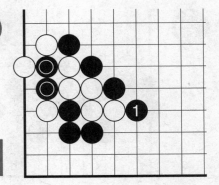

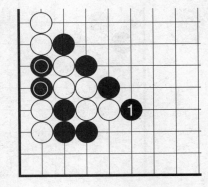

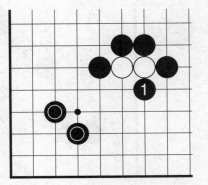

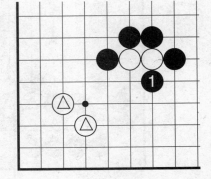

3. 征

黑棋在征,白下1时黑应怎么下?

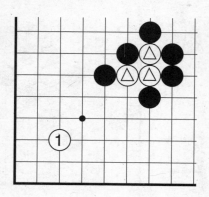

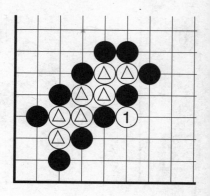

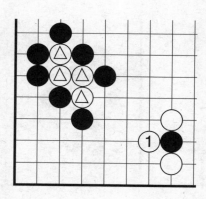

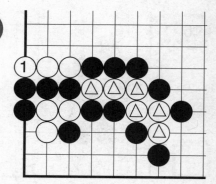

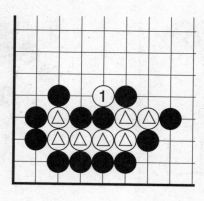

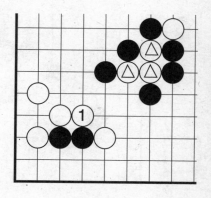

请找出黑1到黑2的出口。

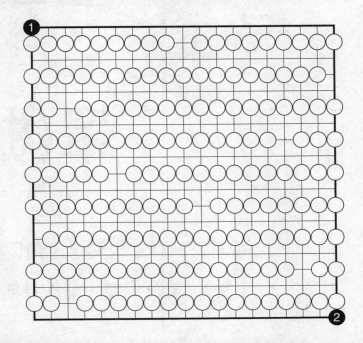

把黑●用双虎口连起来。

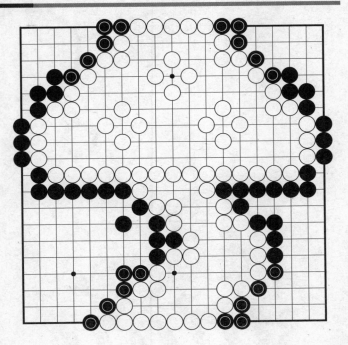

4

罩(枷)

与征一样罩也要考虑周围棋子的状况。本章我们学习罩的具体实战技术。

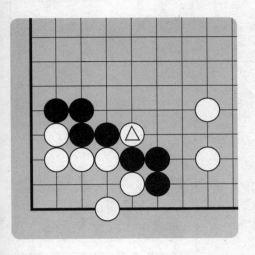

1图 黑棋准备罩吃△。

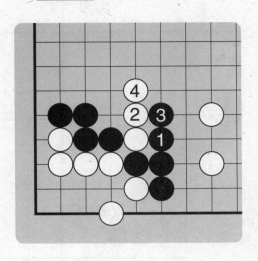

2图 黑1杀不了白棋。

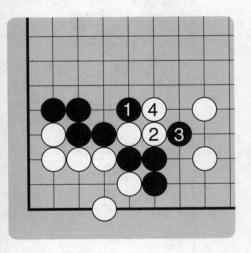

3图 而且征子也不成立。

4图 黑1罩可以吃白棋。

4. 罩

学习日期	月	日
检		

请罩吃白△。

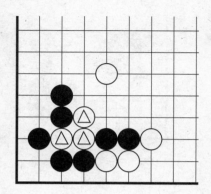

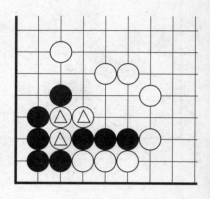

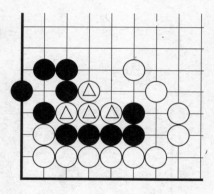

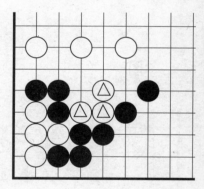

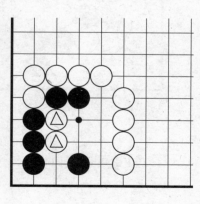

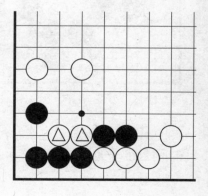

4. 罩

白1罩黑◬，请救活黑◬。

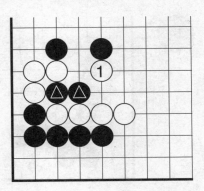

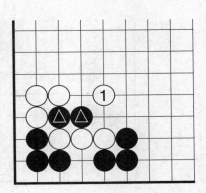

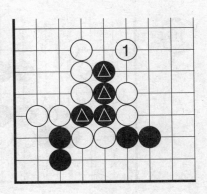

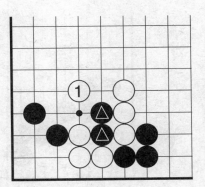

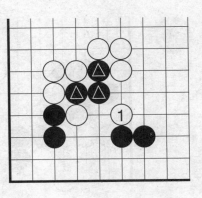

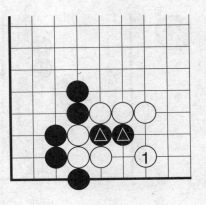

4. 罩

白1，请用罩吃白棋。

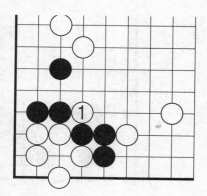

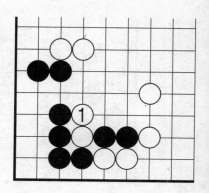

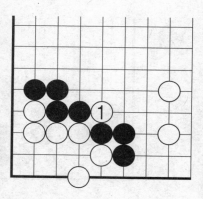

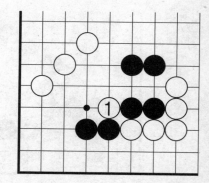

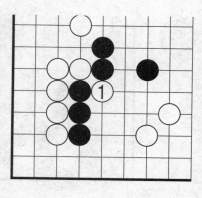

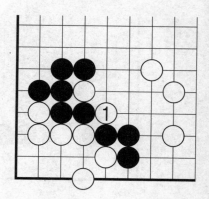

4. 罩

请用罩吃白△。（各标一手）

19

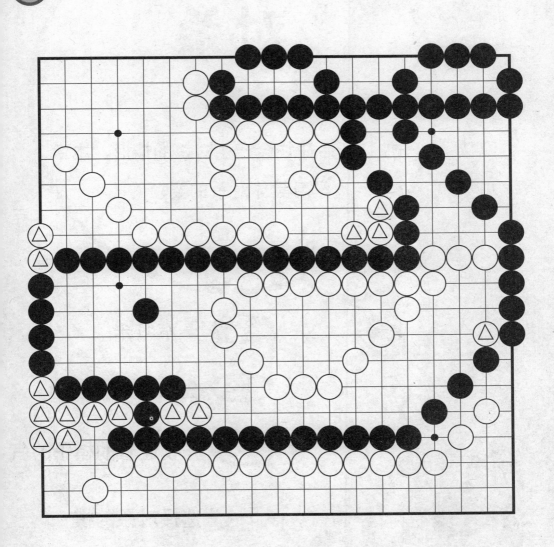

5

对杀

子被切断后往往会产生对杀的情形。本章学习具体对杀的要领。

1图

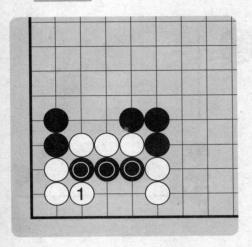

1图 白1时，黑◉会如何？

2图

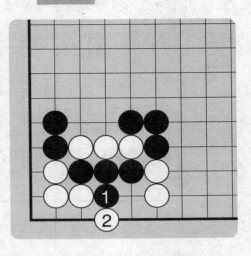

2图 黑1逃，不成立。白2吃黑。

3图

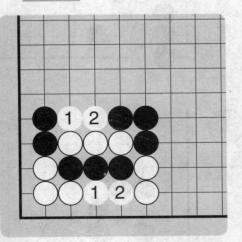

3图 这里，黑棋和白棋各有两气，形成了对杀。

4图

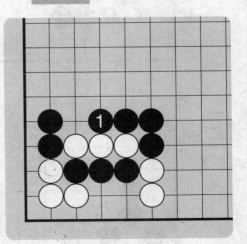

4图 因此，黑1先收气可杀白棋。

5-1. 基本对杀

学习日期	月	日
检		

白1，请在对杀中找出取胜的一手棋。

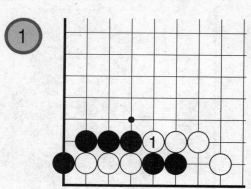

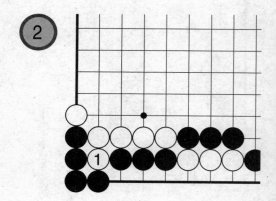

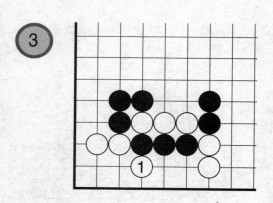

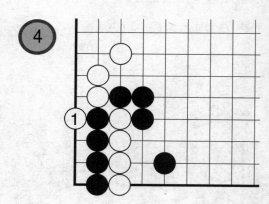

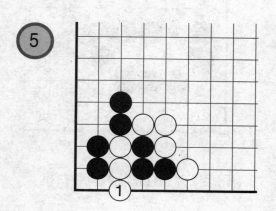

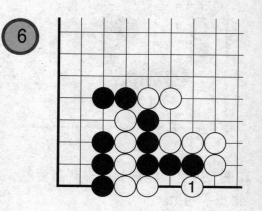

5-1. 基本对杀

学习日期	月 日
检	

白1，请在对杀中找出取胜的一手棋。

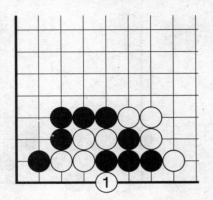

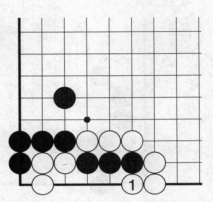

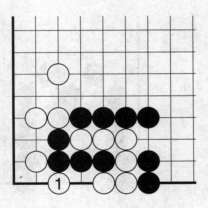

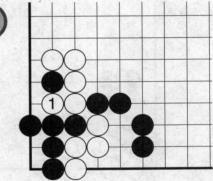

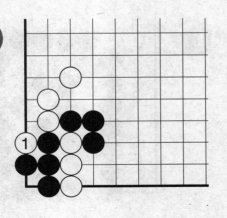

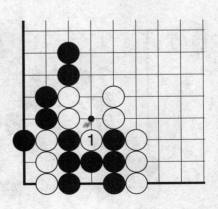

5-1. 基本对杀

白1，请在对杀中找出取胜的一手棋。

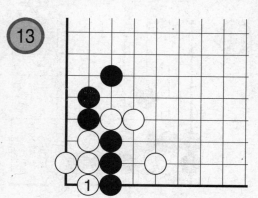

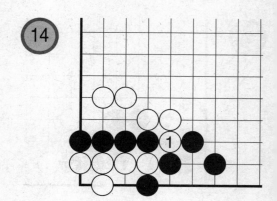

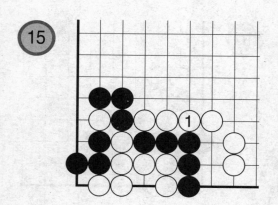

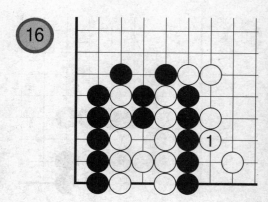

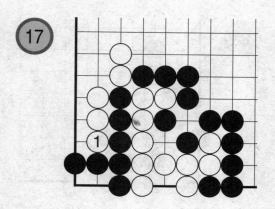

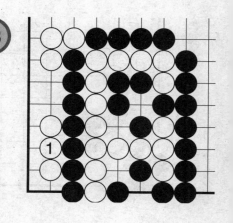

5-2 先收外气

1图

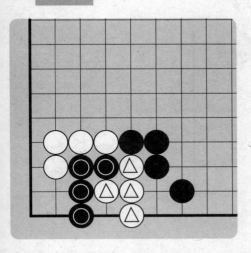

1图 黑●与白△各有三口气。

2图

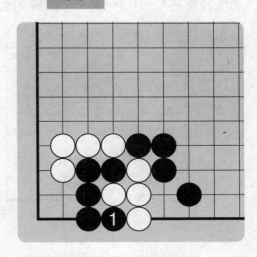

2图 但黑1不能从内侧收气。
因为黑气也减少了。

3图

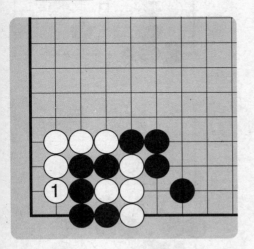

3图 白1后，黑棋反而被杀。

4图

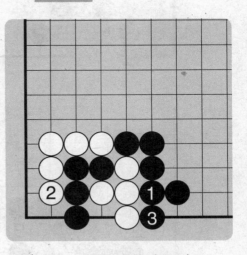

4图 因此，对杀要从外面收气。
黑1、3正确，可杀白棋。

5-2. 先收外气

学习日期		月	日
检			

为吃白棋在A、B当中选一个正确的画O标出。

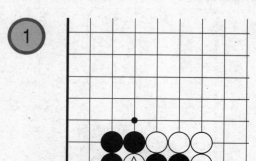

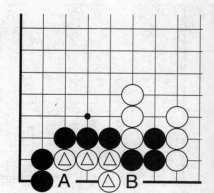

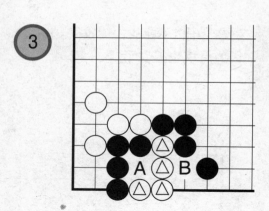

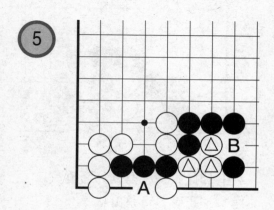

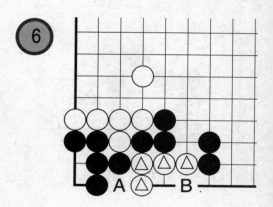

5-2. 先收外气

学习日期	月 日
检	

黑先，请从外面收气杀白棋。

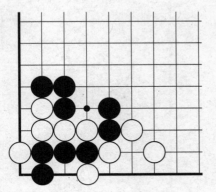

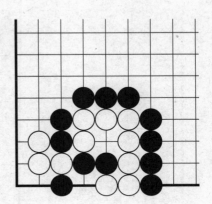

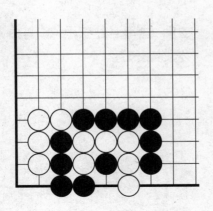

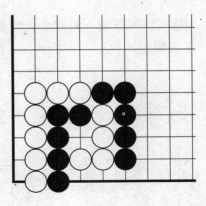

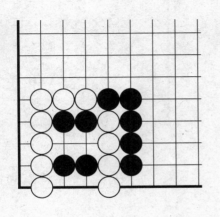

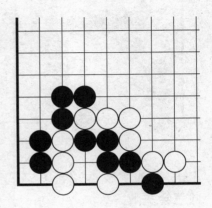

5-3 先收连着的棋子的气

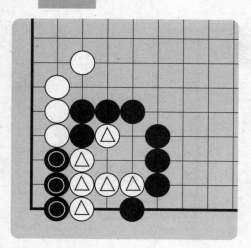

1图 黑● 与白△ 对杀，请数一下白棋的气。

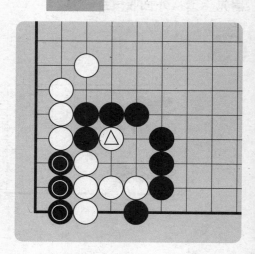

2图 这里要注意黑 ● 与白△ 并未连在一起。

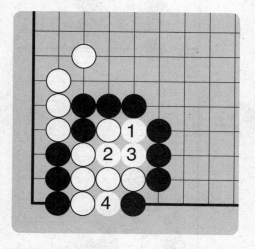

3图 黑如果按1、2、3、4的顺序收气会失败。

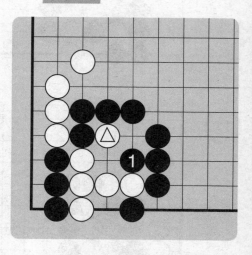

4图 黑1好手，先紧连着的棋子的气正确。

5-3. 先收连着的棋子的气

请叫吃白△，吃掉白棋。

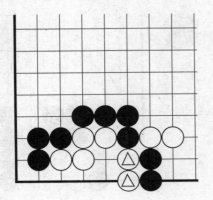

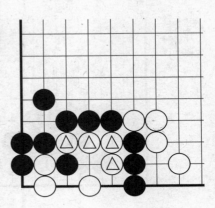

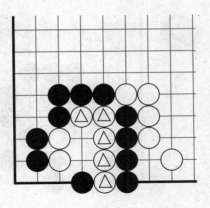

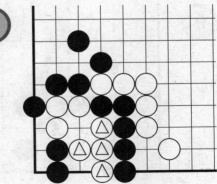

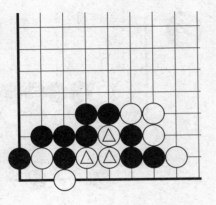

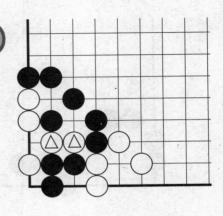

5-3. 先收连着的棋子的气

请收连着黑 ◉ 的白棋的气。

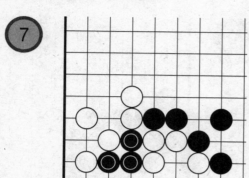

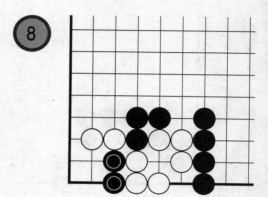

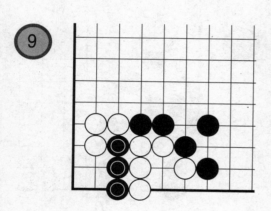

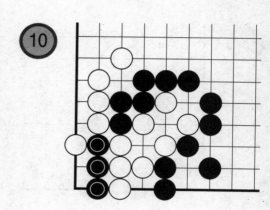

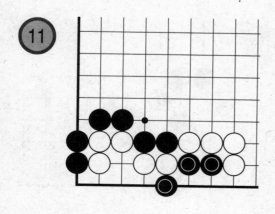

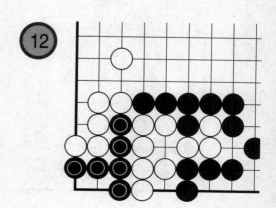

5-4 与哪边对杀呢？

1图

1图 黑● 有两气。

2图

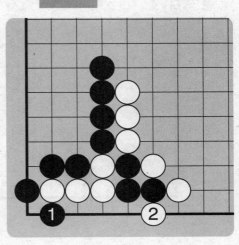

2图 黑1无法吃掉白棋。

3图

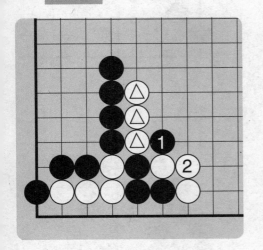

3图 黑1叫吃白 △ 也不成功。

4图

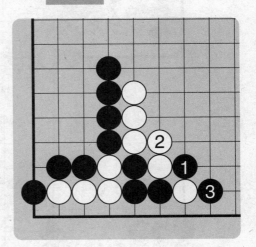

4图 黑1、3吃白一子好手。选择与哪边对杀也是一大要领。

5-4. 与哪边对杀呢?

学习日期	月　　日
检	

黑⬤ 与白△、白⊗ 中哪边对杀?

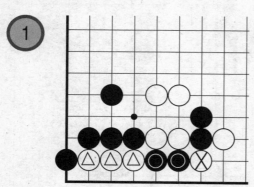

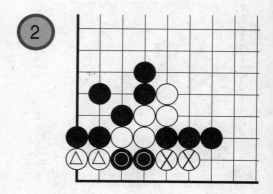

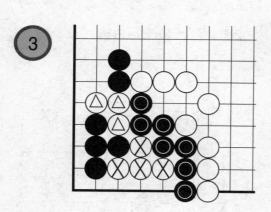

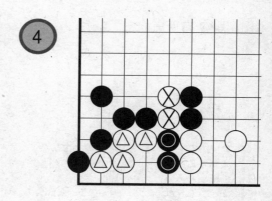

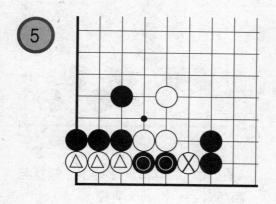

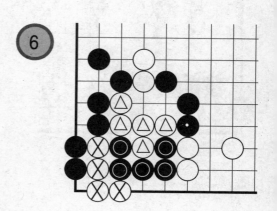

5-4. 与哪边对杀呢?

白1时，黑棋请选择对杀的棋。

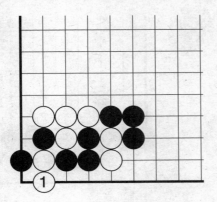

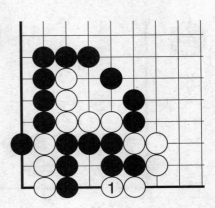

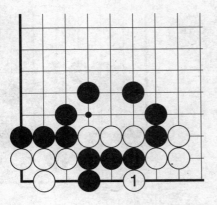

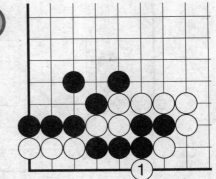

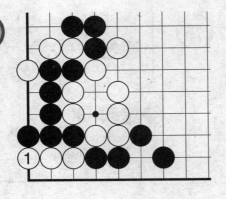

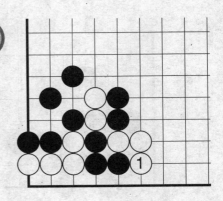

5-4. 与哪边对杀呢?

白1时,黑棋请选择对杀的白棋。

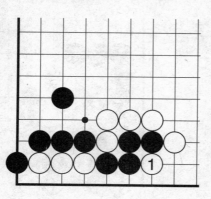

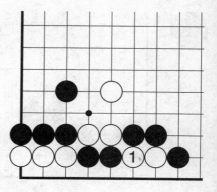

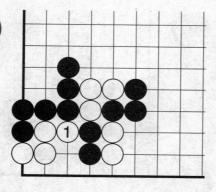

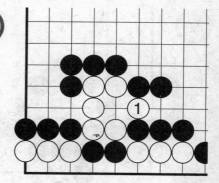

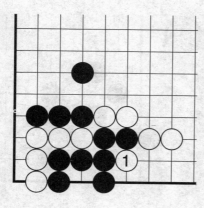

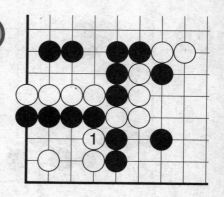

请找出从黑1到黑2的出路。

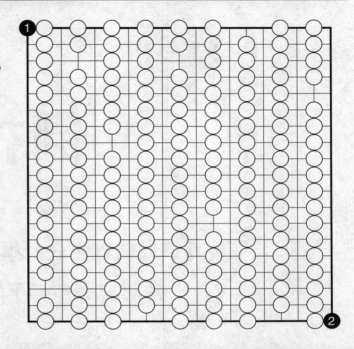

白1，黑棋的下一手在哪儿?

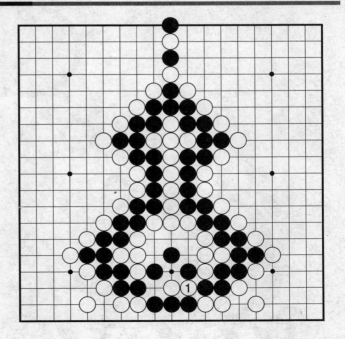

6

倒扑

倒扑是以牺牲自己的棋子为代价，吃
掉对方更多棋子的战术。

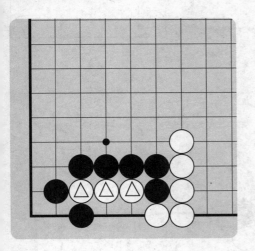

1图 想一下吃 △ 的方法。

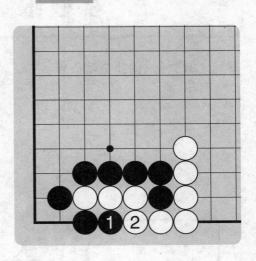

2图 黑1，白2连活棋。

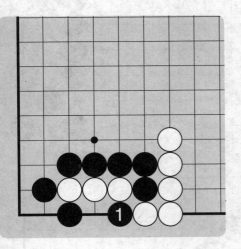

3图 黑1是倒扑法。

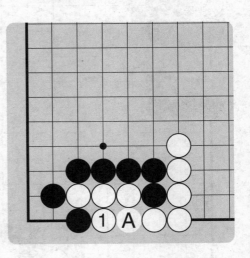

4图 白1吃黑一子后，黑棋反而在
A位吃白棋。

6. 倒扑

白1，请黑利用倒扑法吃白棋。

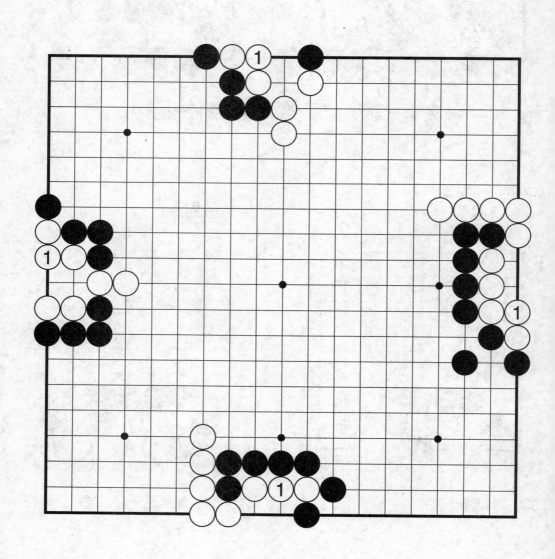

6. 倒扑

学习日期 | 月 | 日
检 | |

白1，请利用倒扑法吃白棋。

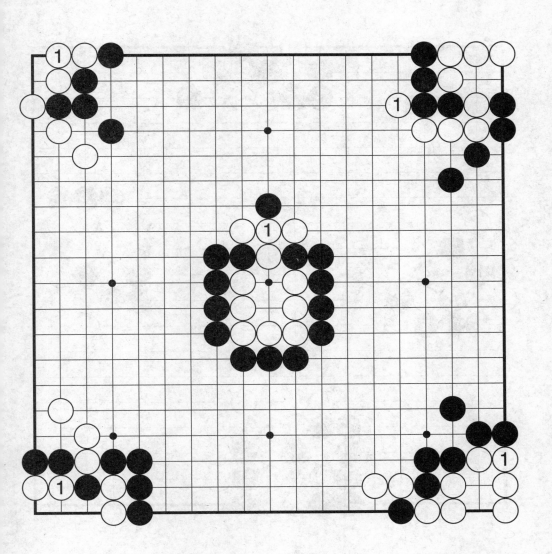

6. 倒扑

学习日期	月	日
检		

白1，请利用倒扑法吃白棋。

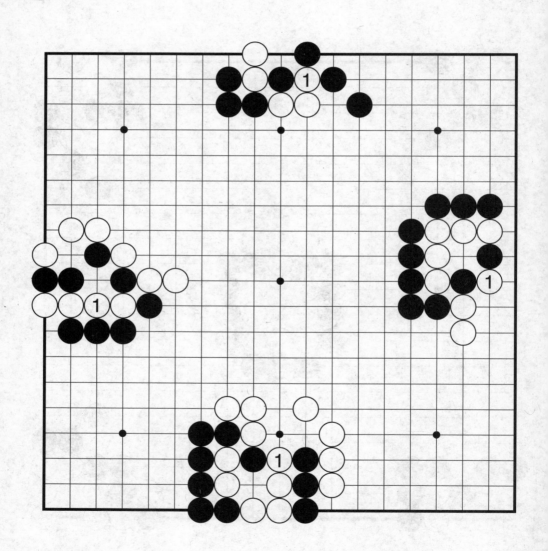

6. 倒扑

学习日期	月	日
检		

白1，请利用倒扑法吃白棋。

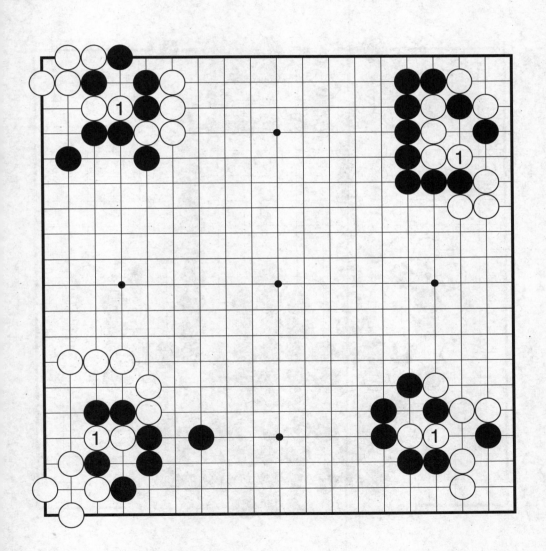

6. 倒扑

学习日期	月	日
检		

请用倒扑吃白棋。

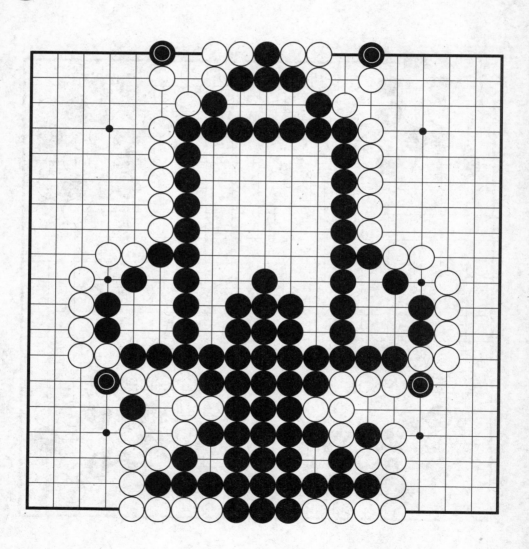

6. 倒扑

学习日期	月	日
检		

请用倒扑吃白棋。

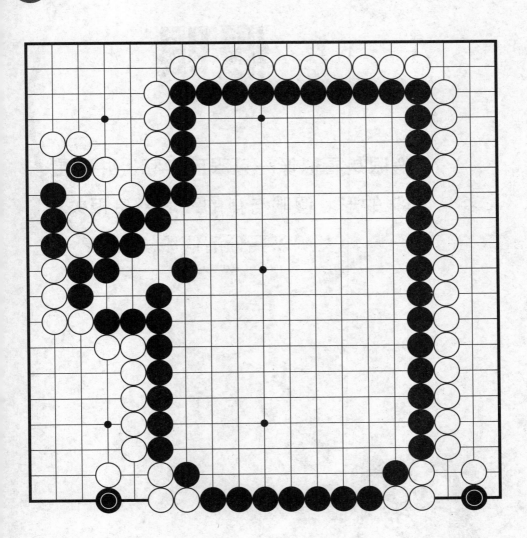

7

假眼

假眼是看似像一只眼而实际上并不是眼的形。假眼与棋的死活息息相关，所以要分清假眼。

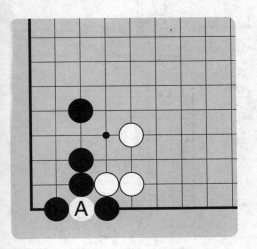

1图 A处看似一只眼。

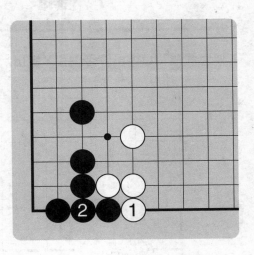

2图 但是白1后黑2连，并不是眼。

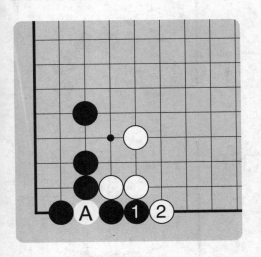

3图 黑1后白2同样可以叫吃，不成眼。

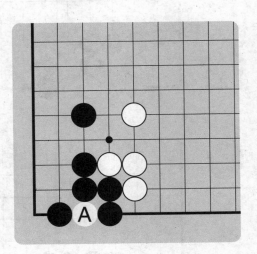

4图 请与A处的真眼进行比较。

7. 假眼

学习日期	月	日
检		

A处为假眼用O标出，否则用X标出。

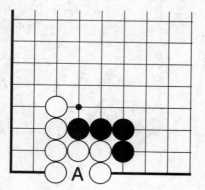

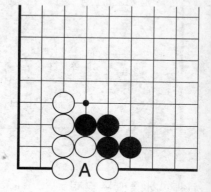

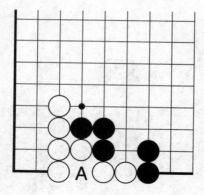

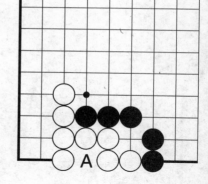

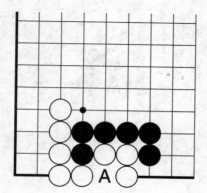

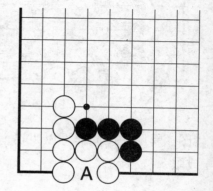

7. 假眼

A处为假眼用O标出，否则用X标出。

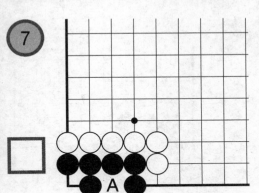

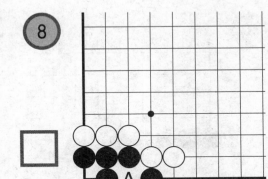

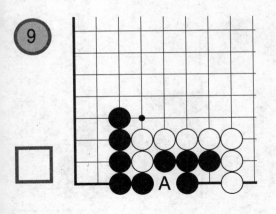

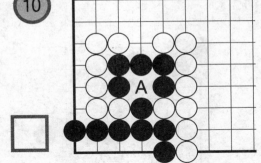

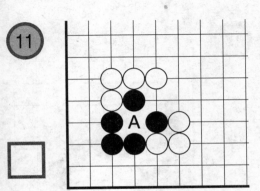

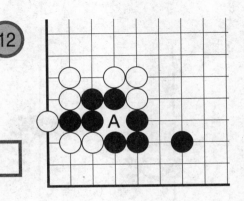

7. 假眼

学习日期	月	日
检		

请找出假眼用○标出。

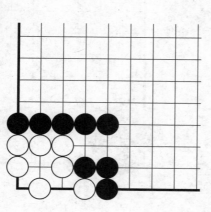

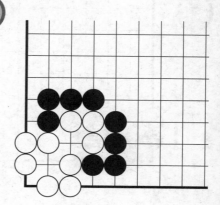

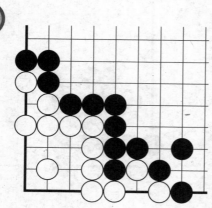

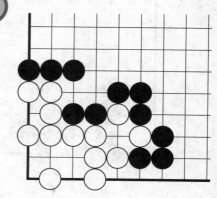

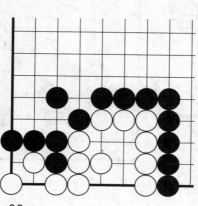

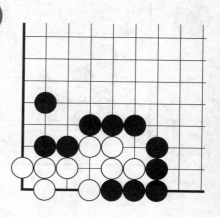

7. 假眼

学习日期	月	日
检		

为使A处成为假眼，黑应下在何处。

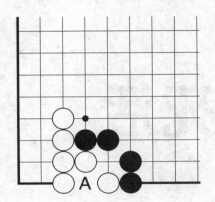

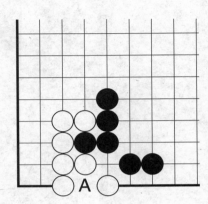

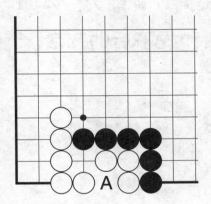

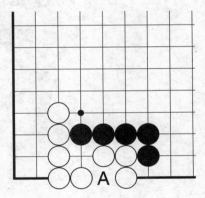

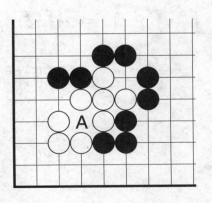

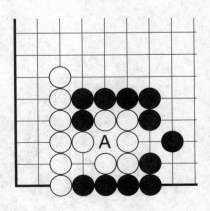

8

死活

通过死活可以提高计算能力。本章学习四目死活和提子后的死活。

8-1 四目死活

1图

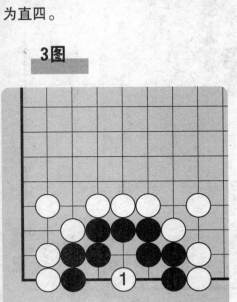

1图　4目一字排开是活棋。白A，黑
B；白B，则黑A。围棋术语，称
为直四。

2图

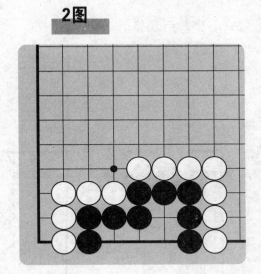

2图　这也是活棋，称为弯四。

3图

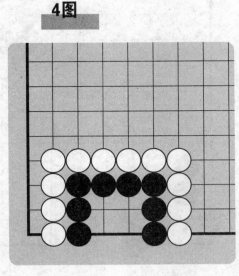

3图　此形白下1位黑死，称为丁四。

4图

4图　4目团在一起，不能活，称为
对四。

8-1. 四目死活

白1，请救活黑棋。

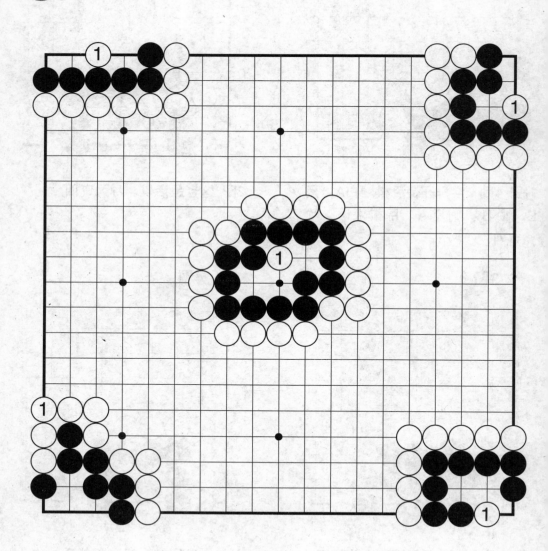

8-1. 四目死活

在下列图中找出死棋画上X。

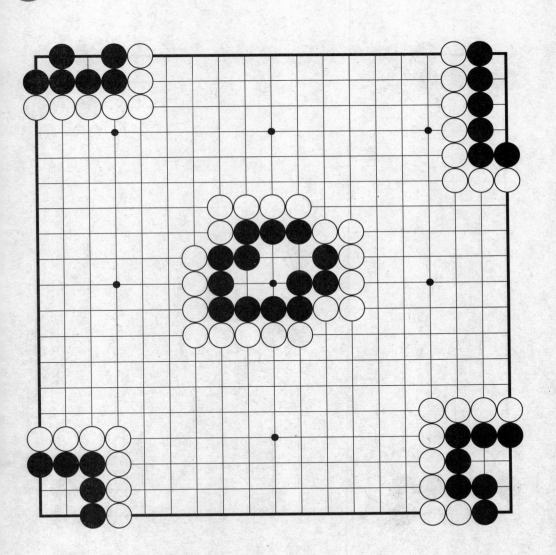

黑先，在下列图中找出能活的棋，使其成活，画上O。

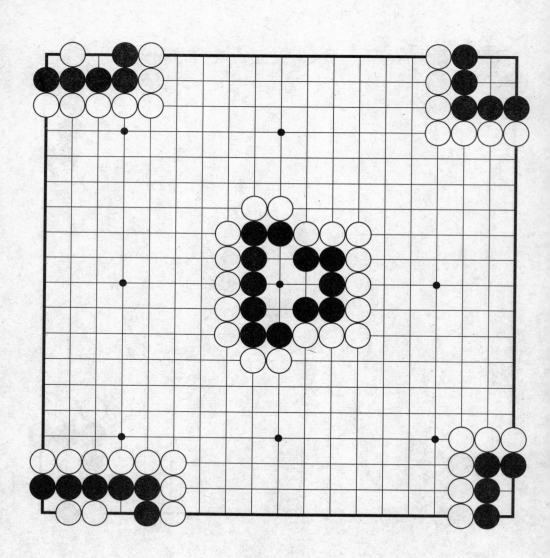

8-1. 四目死活

在白棋中找出死形用X标出。

4

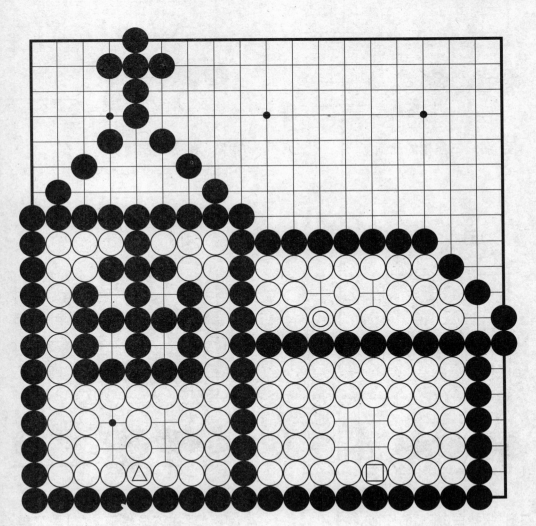

8-2 提子后的死活

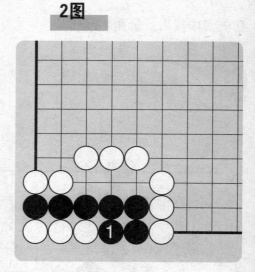

1图 看一下黑棋的死活。

2图 黑1提3子。

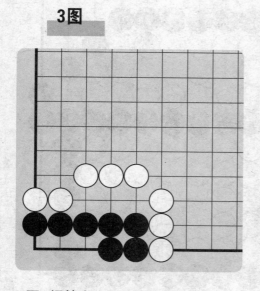

3图 提掉白3子后的图形。

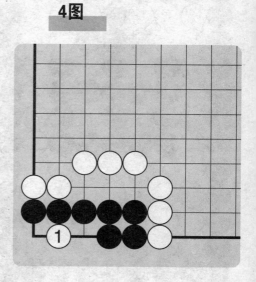

4图 现在该白棋下，白1黑死棋。所以，1图的黑棋是死形。

8-2. 提子后的死活

下列图形中黑A、B、C提后形成什么形状，请在下面的图形1、2、3中选择。

1 A – ☐ B – ☐ C – ☐

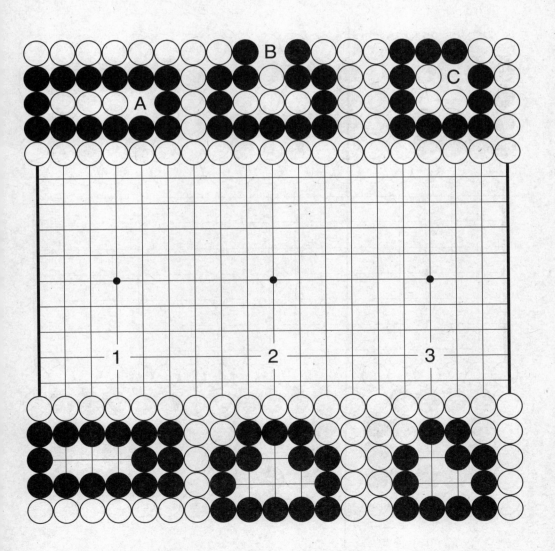

8-2. 提子后的死活

下列图形中黑A、B、C提后形成什么形状，请在下面的图形1、2、3中选择。

2 A – □ B – □ C – □

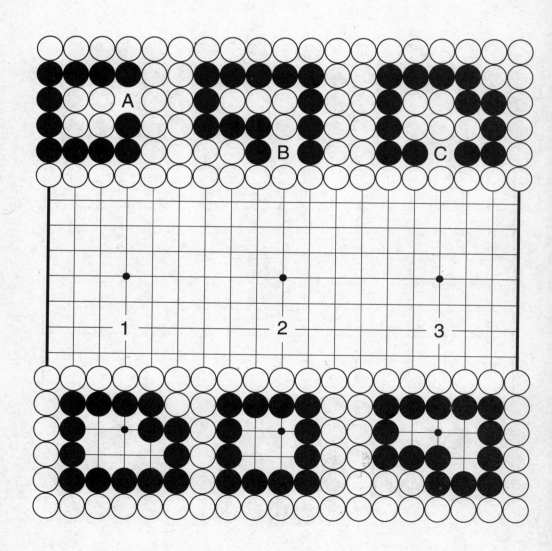

8-2. 提子后的死活

学习日期	月	日
检		

白活棋用O标出，死棋用X标出。

③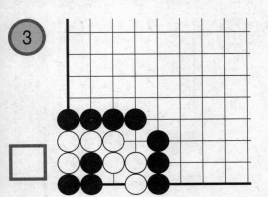

④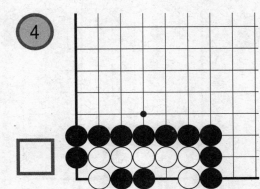

⑤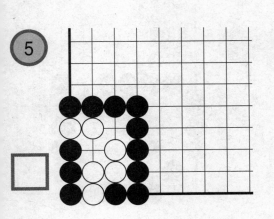

⑥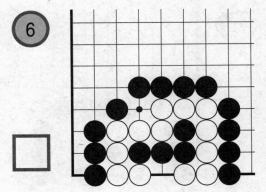

⑦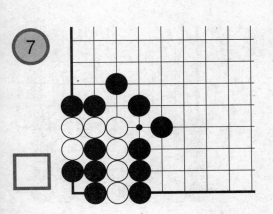

⑧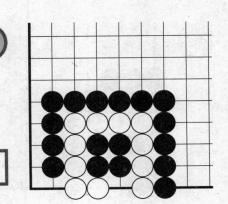

8-2. 提子后的死活

请吃白棋。

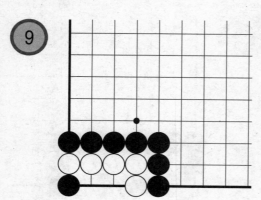

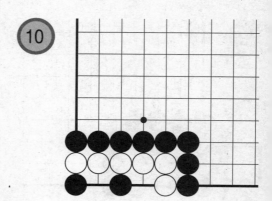

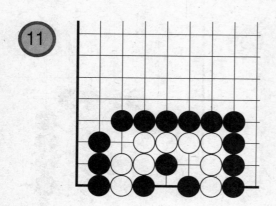

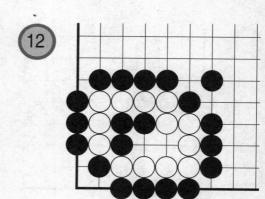

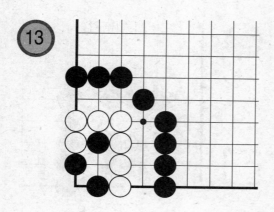

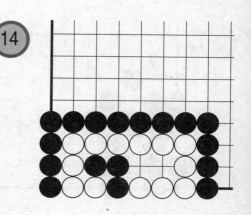

请找出从黑1到黑2的出路。通过 ● （一个黑子）找出路。

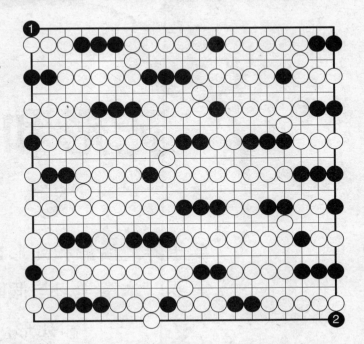

黑应与白△、◎、口 当中哪块棋作战？请在下面图标上画O。

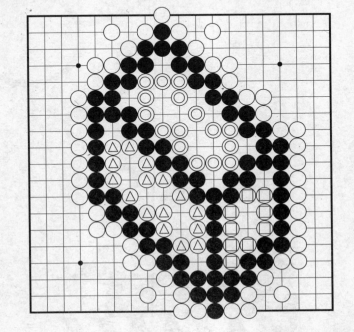

9

死形和活形

要想弄清活形和死形，懂得假眼很重要。本章学习与假眼相关的活形和死形。

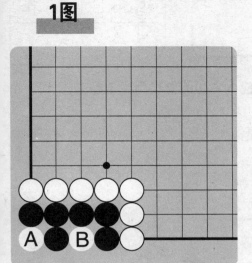

1图 黑棋是活棋。A、B都是完整的眼。

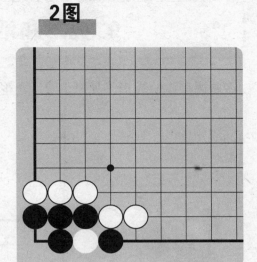

2图 黑棋是活棋吗？请想一下。

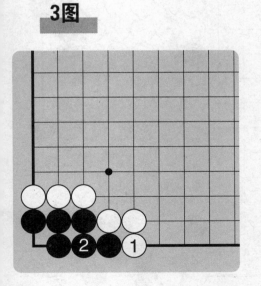

3图 白1，黑被叫吃，黑2连，是假眼。

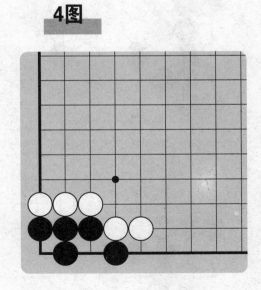

4图 黑只有一只完整的眼和一只假眼。死形。

9. 死形和活形

学习日期	月	日
检		

将左边黑棋的活形、死形、双活之形与相应的右边的黑棋用线连起来。

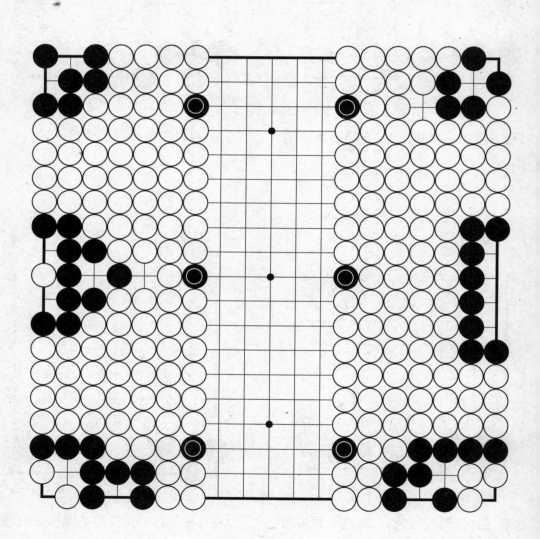

9. 死形和活形

将上边黑棋的活形、死形、双活之形与相应的下边的黑棋用线连起来。

②

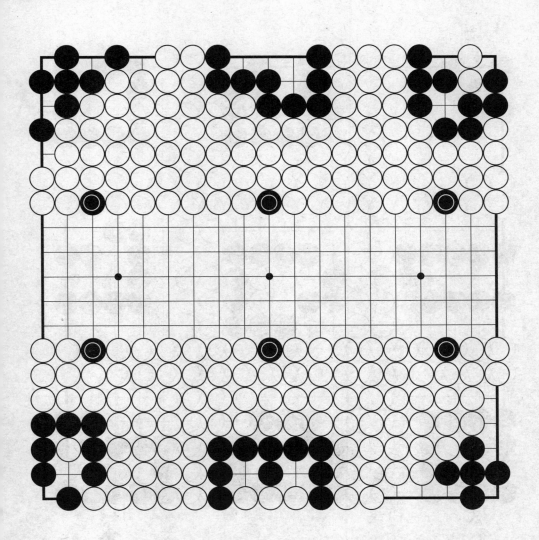

9. 死形和活形

通过入口，按黑棋的活棋走进去，找出其出口。

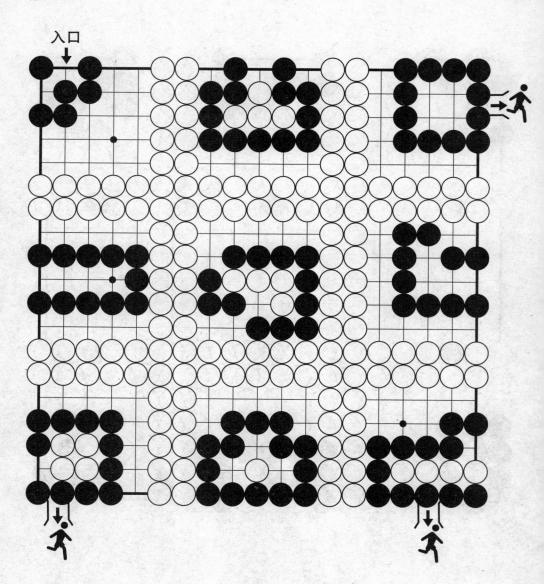

9. 死形和活形

通过入口，按黑棋的死棋走进去，找出其出口。

4

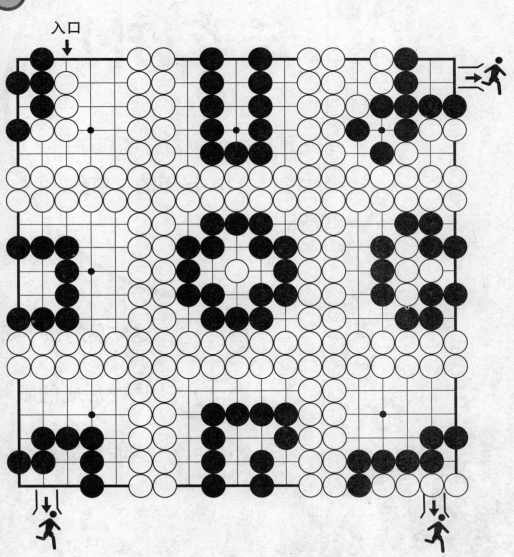

10

送吃(扑)

送吃是通过牺牲自己的棋子
创造对自己有利的局面的重要技术。

送吃后的接不归

1图

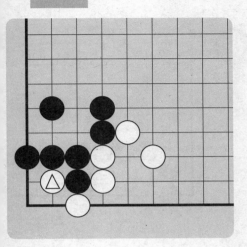

1图 黑想吃白△。

2图

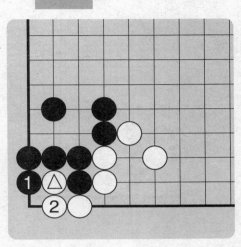

2图 黑简单于1位叫吃,白2连,黑失败。

3图

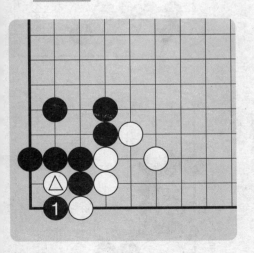

3图 黑1扑送吃,好棋。

4图

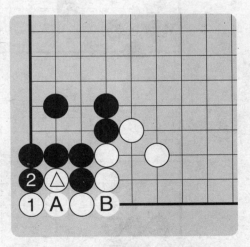

4图 白1,黑2,白接不归(白A,黑B提)。

10-1. 送吃后的接不归

请吃白△。

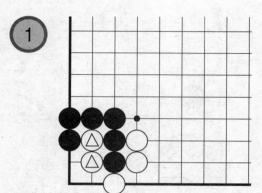

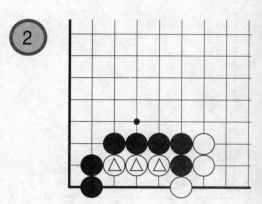

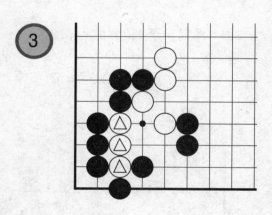

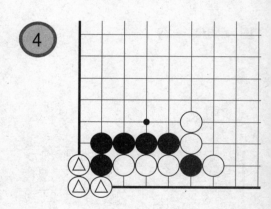

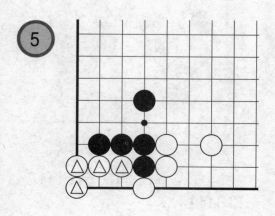

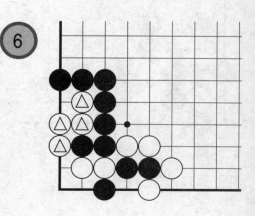

10-1. 送吃后的接不归

学习日期	月	日
检		

请吃白△。

7
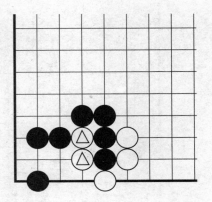

8
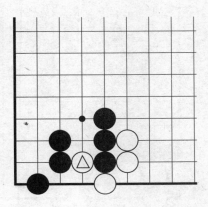

9
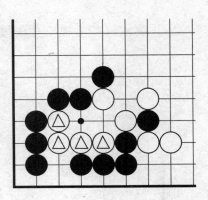

10
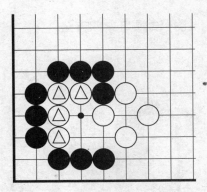

11
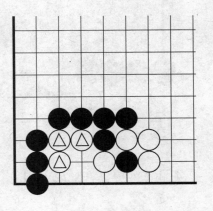

12
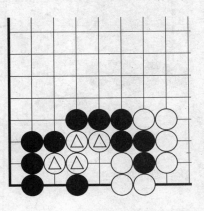

(10-2) 送吃后成假眼

1图

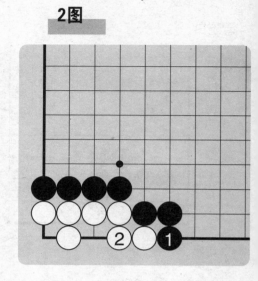

1图 试想吃白的方法。

2图

2图 黑1，白2活棋。黑失败。

3图

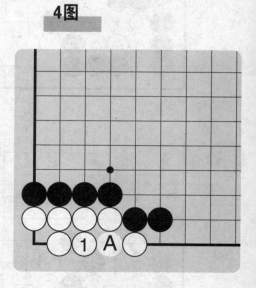

3图 黑1扑送吃，好棋。

4图

4图 白1提，A处成假眼。

10-2. 送吃后成假眼

学习日期	月	日
检		

在白 处送吃。

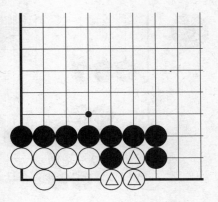

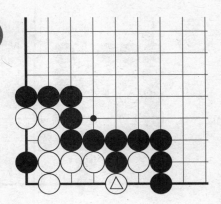

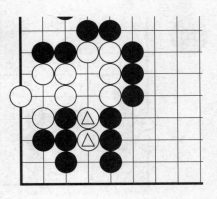

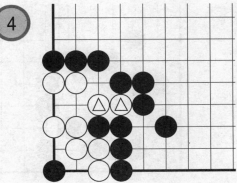

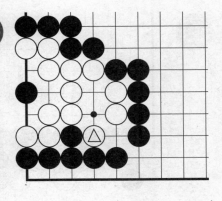

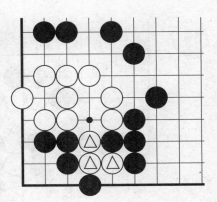

10-2. 送吃后成假眼

学习日期		月	日
检			

在白 ⊘ 处送吃。

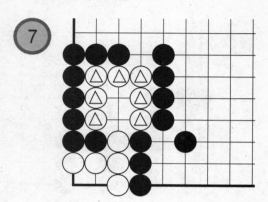

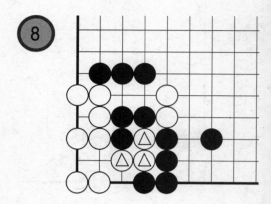

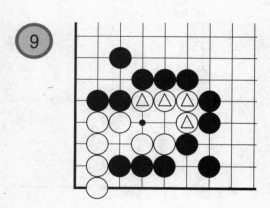

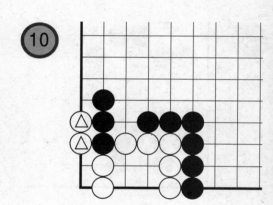

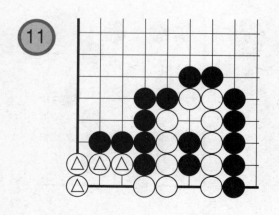

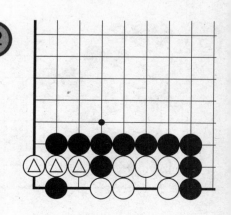

10-3 送吃后成对杀

1图

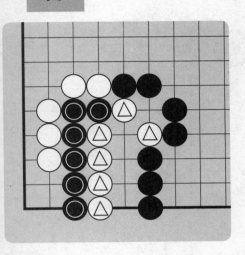

1图 黑● 与白△ 进行对杀。

2图

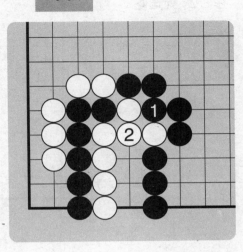

2图 黑1，白2。由于白棋3气，黑失败。

3图

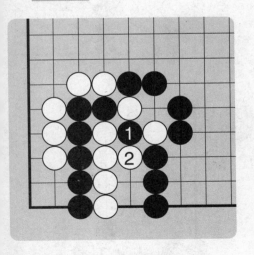

3图 黑1扑送吃，好棋。

4图

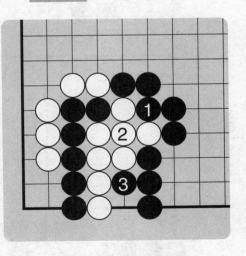

4图 白提后黑1叫，白2连，黑3，黑快一气杀白。

10-3. 送吃后成对杀

在白△处送吃。

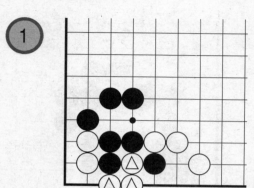

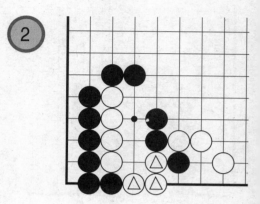

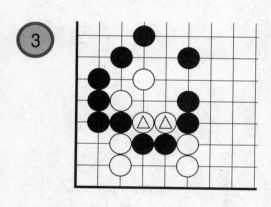

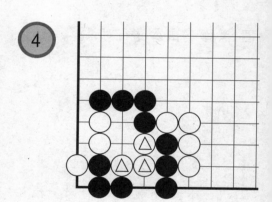

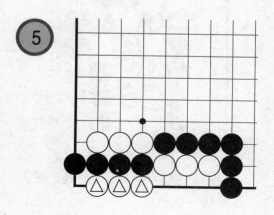

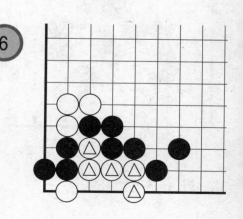

10-3. 送吃后成对杀

学习日期	月　　日
检	

在白△处送吃。(3手)

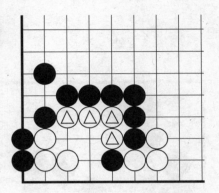

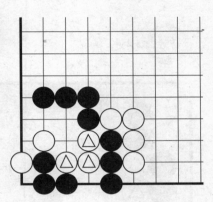

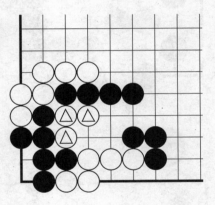

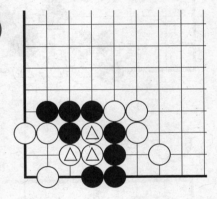

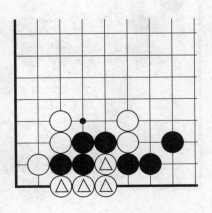

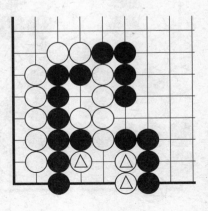

10-3. 送吃后成对杀

学习日期	月	日
检		

将能够送吃白 的地方用〇标出。（每图各标2处）

13 2处

14 2处

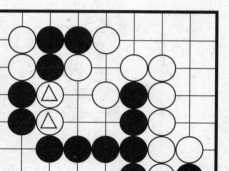

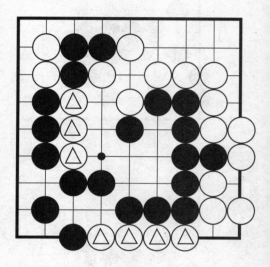

15 2处

16 2处

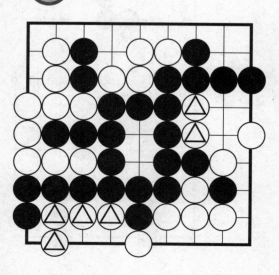

10-3. 送吃后成对杀

将能够送吃白△的地方用O标出。（17题标两处，其余各标三处）

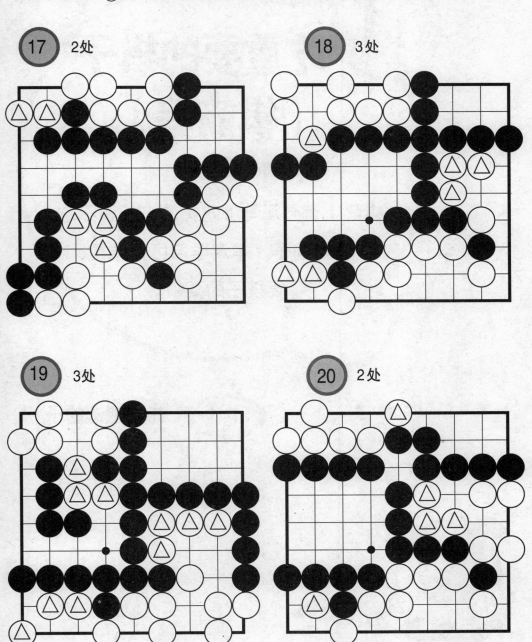

17　2处

18　3处

19　3处

20　2处

11

吃重要的棋子（棋筋等）

棋盘上有必须马上吃掉的棋子和不急着吃的子。本章学习区别吃重要棋子的要领。

⑪-1　先吃能逃的子

1图

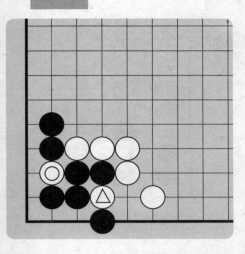

1图　白△和白◎都被叫吃，先提哪个?

2图

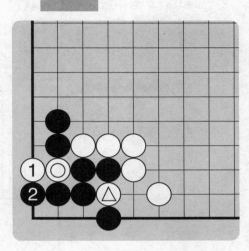

2图　白◎逃不了。白1，黑2即可。

3图

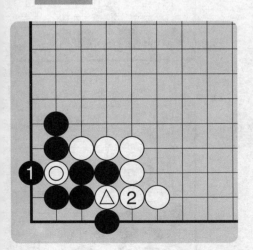

3图　黑1提白◎子，白2连救活一子。

4图

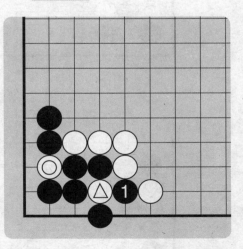

4图　所以，黑应先将可以逃走的白子吃掉。白△才是重要的棋子。

11-1. 先吃能逃的子

白△ 和白◎ 当中应先吃哪一块?

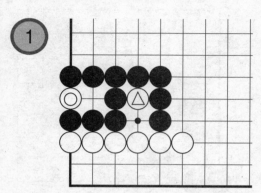

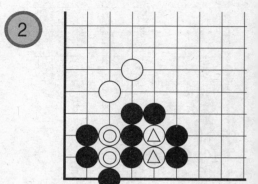

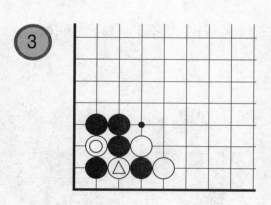

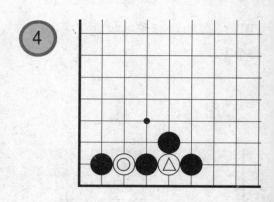

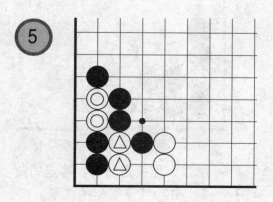

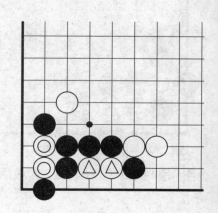

11-1. 先吃能逃的子

白△ 和白◎ 当中应先吃哪一块?

7
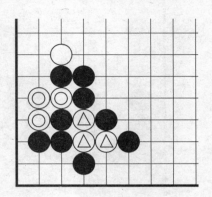

8
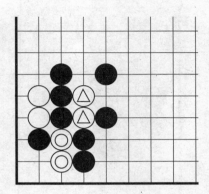

9
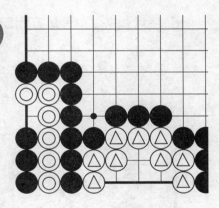

10
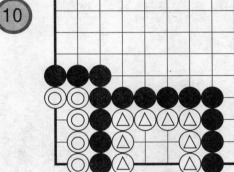

11
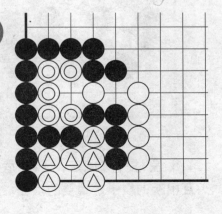

12

(11-2) 先吃互断的子

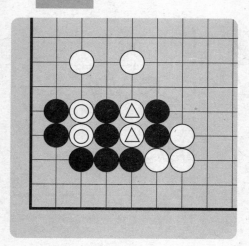

1图 白△和白◎ 哪个重要？

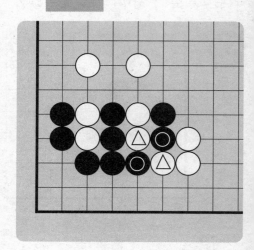

2图 注意：白△和黑● 互相断着。

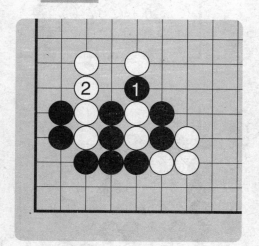

3图 因此，黑1先吃断处的棋子是正确的。

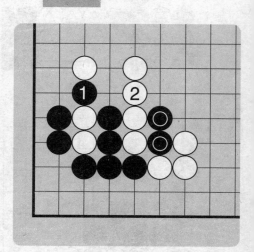

4图 黑1提，白2连，黑● 危险。互相断的棋子是重要的棋子。

11-2. 先吃互断的子

学习日期	月	日
检		

白△ 和白◎ 当中应吃哪个，请选择。

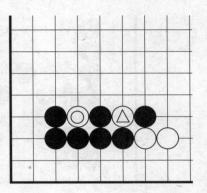
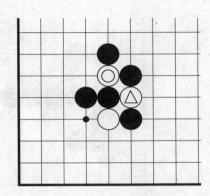

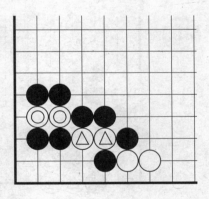
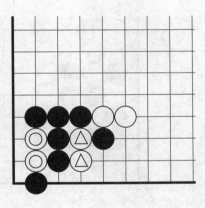

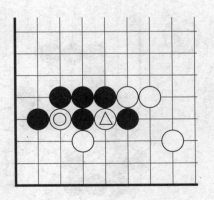
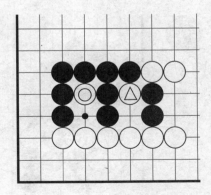

11-2. 先吃互断的子

白△ 和白◎ 当中应吃哪个，请选择，并吃住。

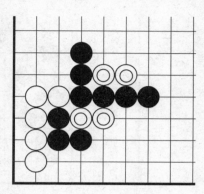

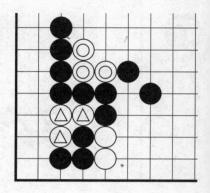

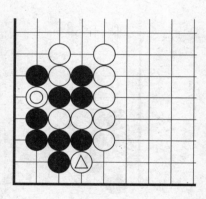

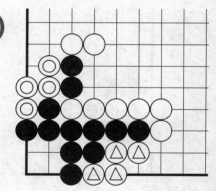

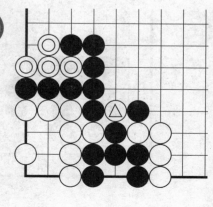

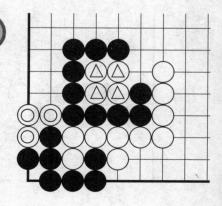

请找出从黑1到黑2的通道。通过两个黑子处找出路。

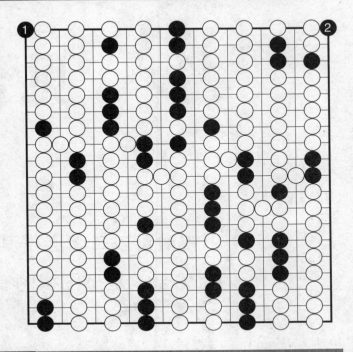

在白棋当中找出死棋用X标出来。

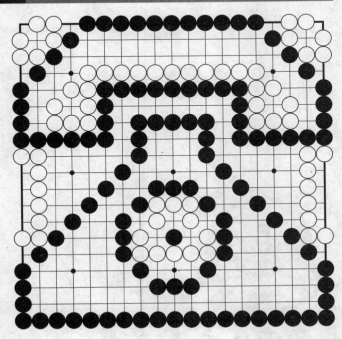

见合

下棋时可以二者必得其一的情况称之为见合，是下围棋的有效手段之一。

12-1　连的见合

12-2　死活的见合

12-1 连的见合

1图

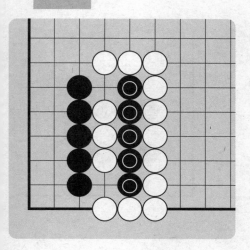

1图 黑●是与外部的棋连在一起的吗?

2图

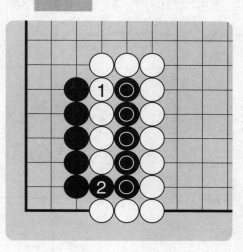

2图 白1则黑2。

3图

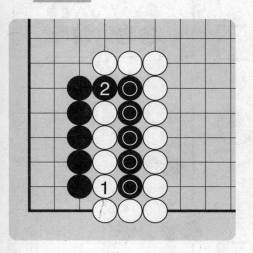

3图 白1则黑2。

4图

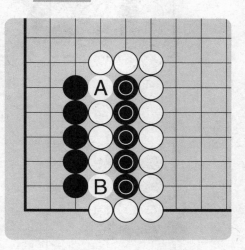

4图 所以, 黑●在A、B两处见合。

12-1. 连的见合

检

黑可吃白的用○标出，否则用X标出。

① □

② □

③ □

④ □

⑤ □

⑥ □

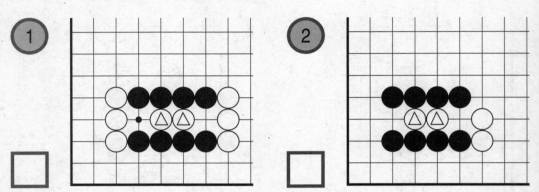

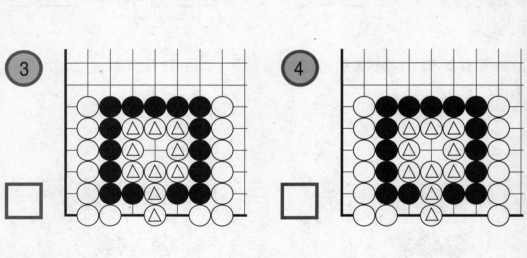

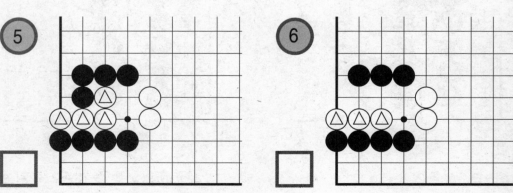

12–1. 连的见合

在有标记号的棋中，白棋下时将不可连的棋用〇标出。

 7

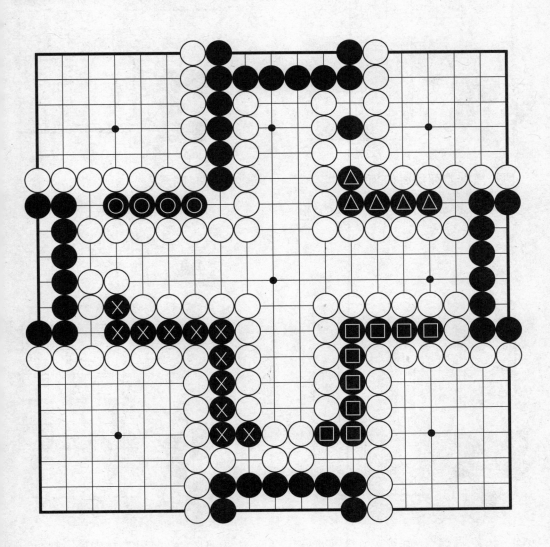

（12-2） 死活的见合

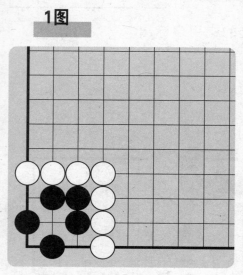

1图 黑棋的死活将如何?

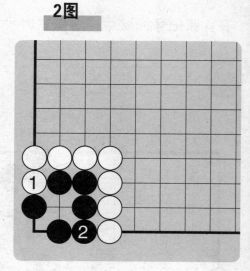

2图 白1则黑2。

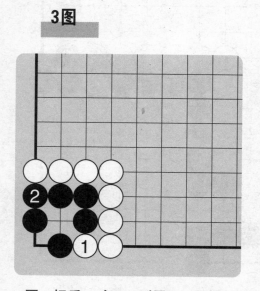

3图 相反,白1,则黑2。黑棋两处
见合。

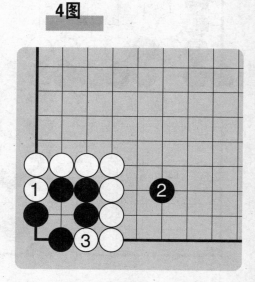

4图 但,白1时黑下在别处,则白3,
黑死。

12-2. 死活的见合

学习日期	月	日
检		

白1，利用见合救活黑棋。

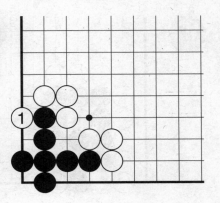

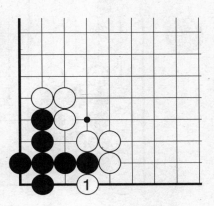

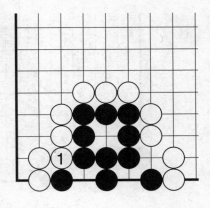

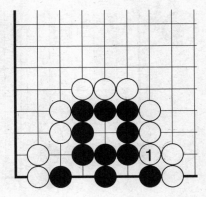

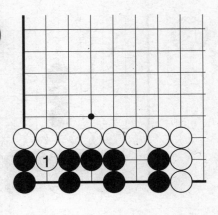

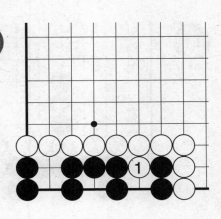

12-2. 死活的见合

学习日期	月	日
检		

白1，利用见合救活黑棋。

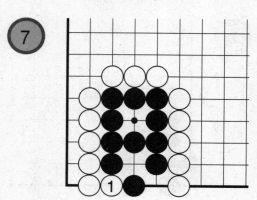

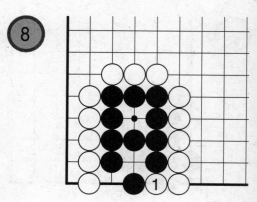

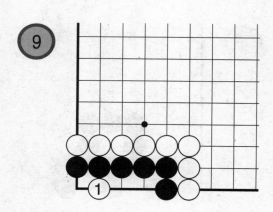

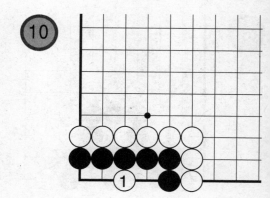

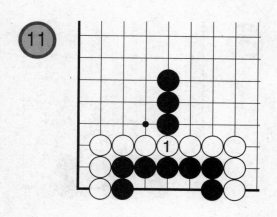

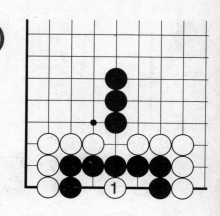

12-2. 死活的见合

白1，利用见合救活黑棋。

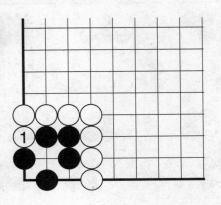

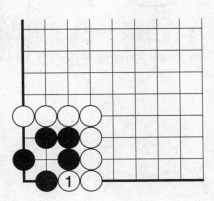

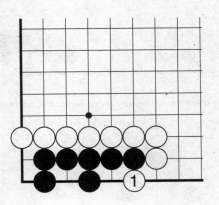

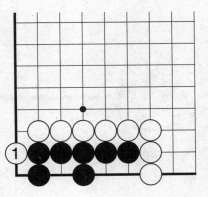

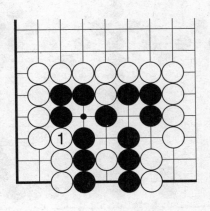

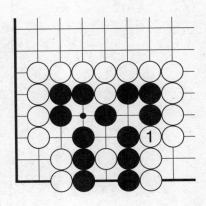

请找出从黑1到黑2的出路。
通过 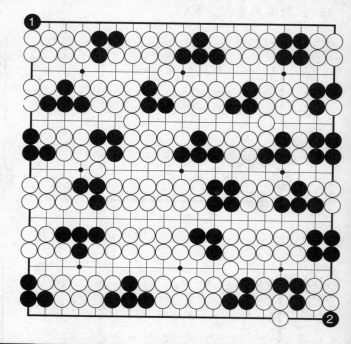 的棋形找出口。

找出白的活棋，用〇
画出来。

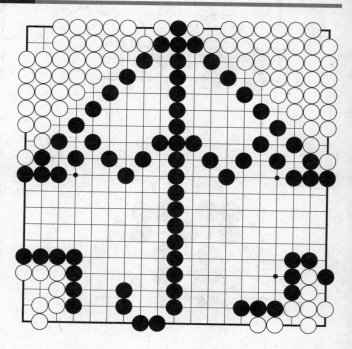

请找出从黑1到黑2的出路。

通过 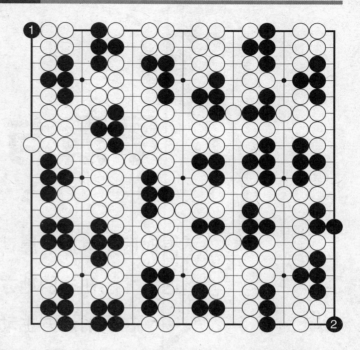 的棋形找出口。

找出与A相见合的地方。

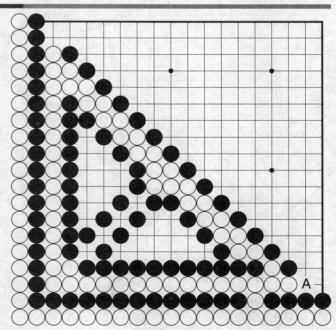

厚薄与强弱

下棋时区分棋形的厚薄强弱很重要。

这样才能在弱的地方避开战斗，

在强的地方主动出击。

12-2 厚薄与强弱

1图

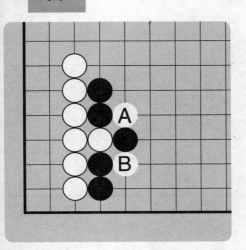

1图 黑棋在A、B有两处弱点。是弱棋。

2图

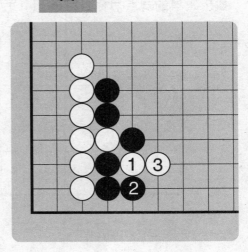

2图 白1断，黑危险。

3图

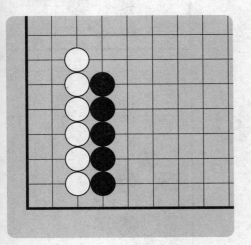

3图 相反，没有弱点的黑棋很坚实。

4图

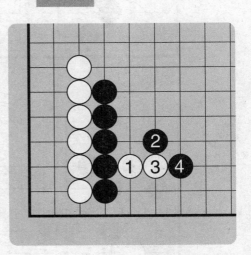

4图 白接近的话黑可以大胆作战。有格言说，不要靠近对方的厚势。

13. 厚薄与强弱

学习日期	月	日
检		

找出黑棋的弱点后补强黑棋。（1手）

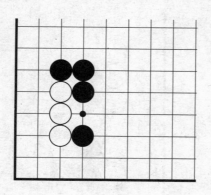

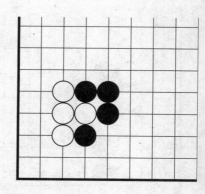

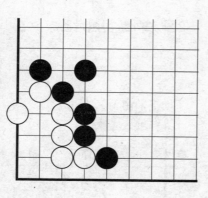

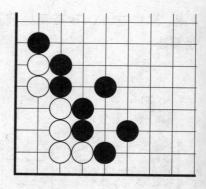

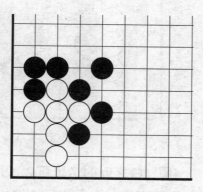

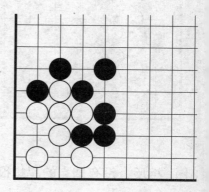

13. 厚薄与强弱

学习日期	月 日
检	

坚实的黑棋用〇标出，弱的黑棋用✕标出。

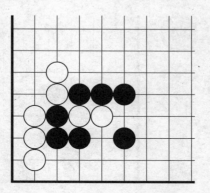

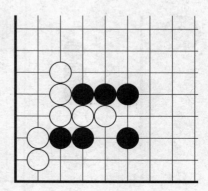

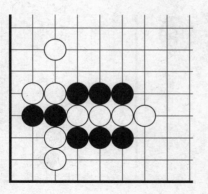

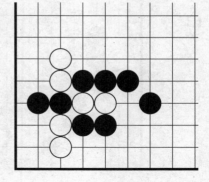

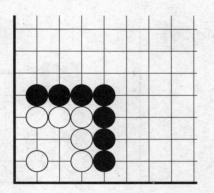

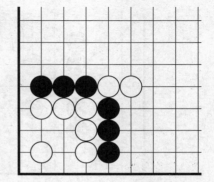

13. 厚薄与强弱

补强黑棋。

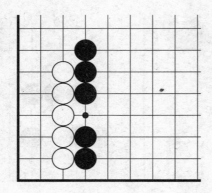

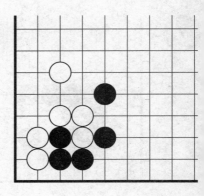

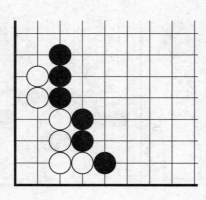

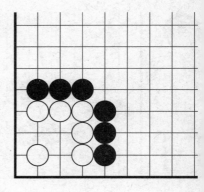

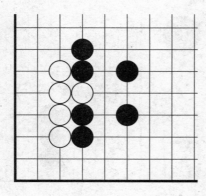

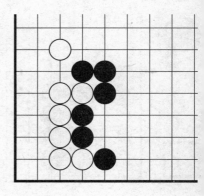

13. 厚薄与强弱

学习日期	月	日
检		

使白棋变弱。

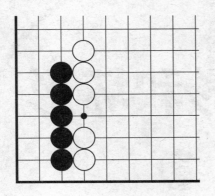

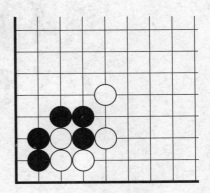

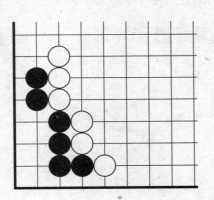

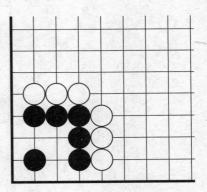

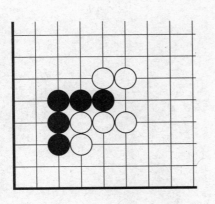

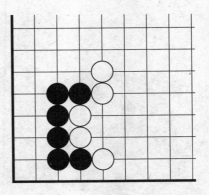

好形和坏形

下棋时不能把棋下成凝形。

本章学习好形和坏形。

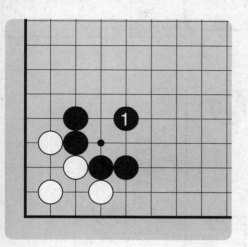

1图　黑1是一间跳的好形。

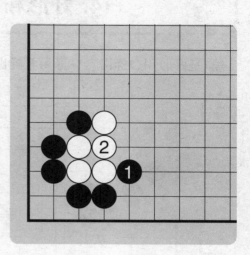

2图　白2是凝形，坏形。

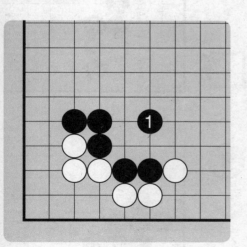

3图　黑1是好形。

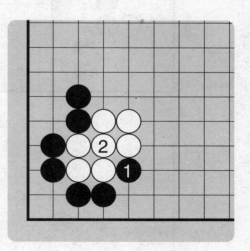

4图　白2是凝形，是坏形。

14. 好形和坏形

黑1是好形用O标出，坏形用X标出。

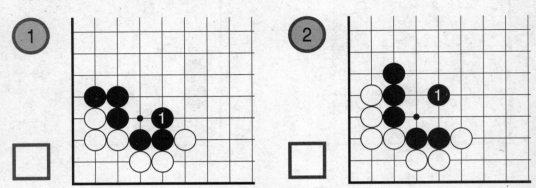

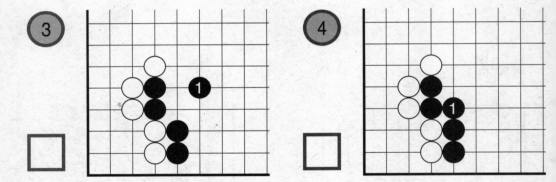

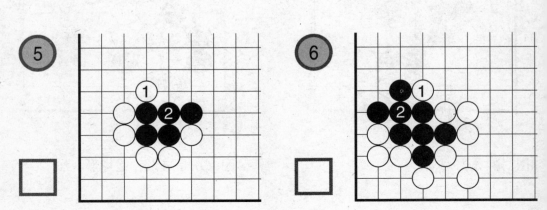

14. 好形和坏形

叫吃白△，以便使白变成凝形。

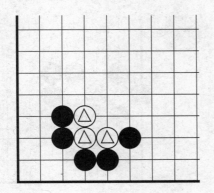

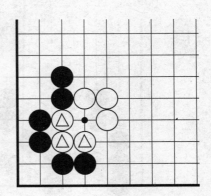

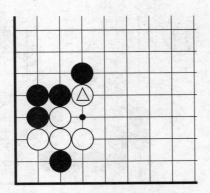

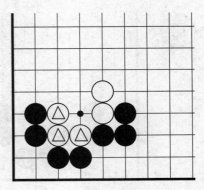

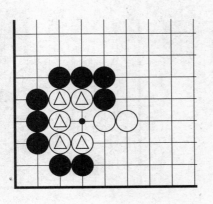

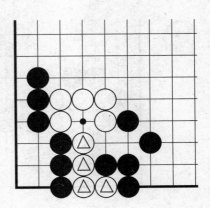

14. 好形和坏形

学习日期	月	日
检		

连续叫吃两次，以便使白变成凝形。

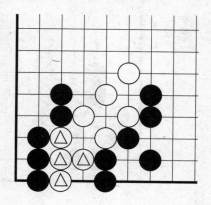

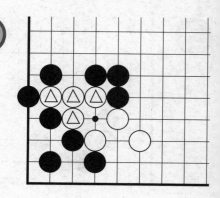

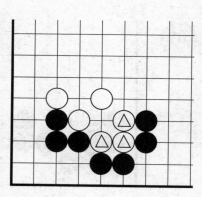

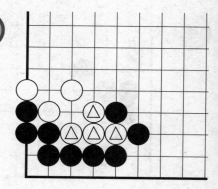

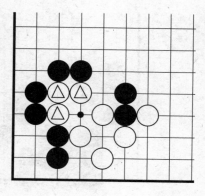

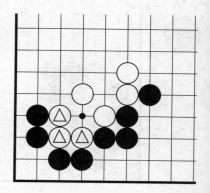

14. 好形和坏形

学习日期	月	日
检		

用黑一间跳做成好形。

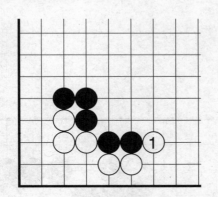

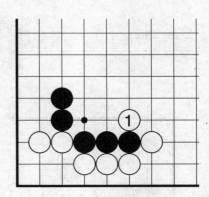

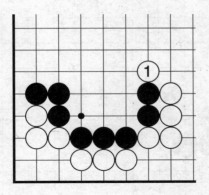

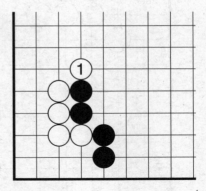

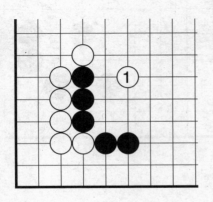

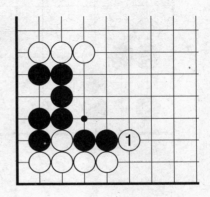

14. 好形和坏形

判断黑1到5的着手，把好手和坏手分别填在括弧内。

25 好形 (　　　　), 坏形(　　　　)

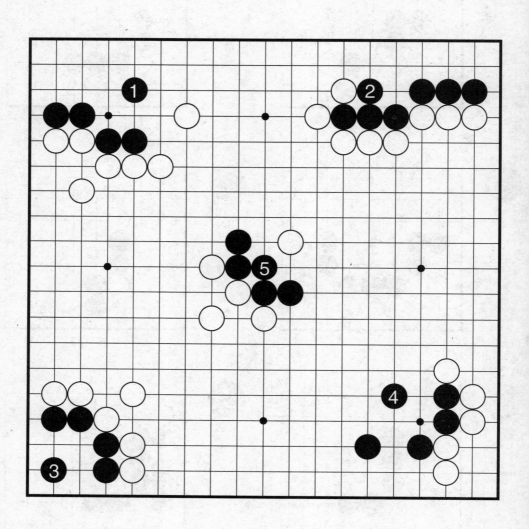

分先和让子

对局时，水平差不多的棋手下棋时，分先下，则：黑先下子，然后白下，反复交替进行。低手和高手下时，就要被让子，则：黑先放上几个子，白棋先下。下边是让子棋的图形。

 让二子

 让四子

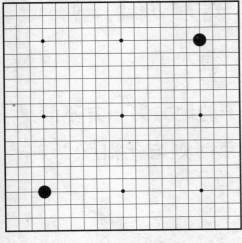

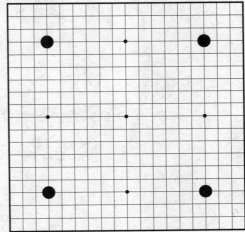

 让六子

 让九子

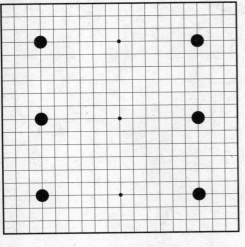

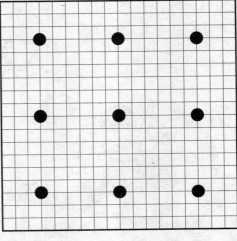

15

先手和后手

先手是在一方下子的地方另一方不能
脱先的着手。后手则与此相反。

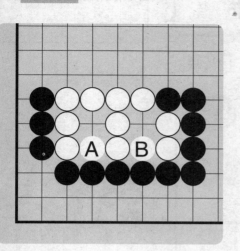

1图 A、B 两处看似一样，其实有先后手之分。

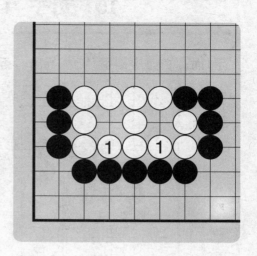

2图 白下的话只有一目。

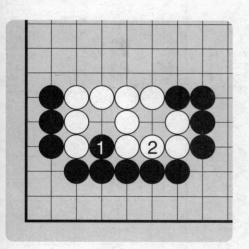

3图 黑1，则白2成一目。

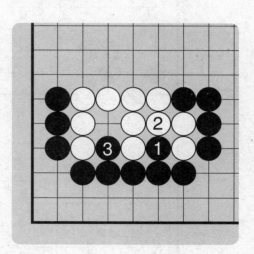

4图 但黑1则不同，白必须下2位。黑3后白1目没有。黑1是先手。

15. 先手与后手

黑1时，白必应则用'O'标出，否则用'X'标出。

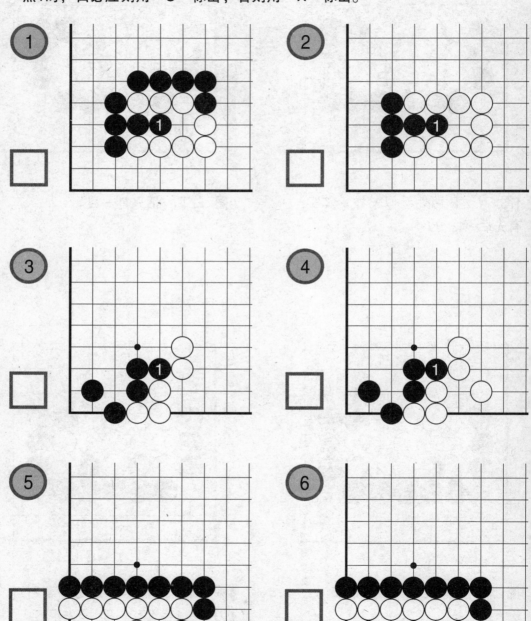

15. 先手与后手

学习日期	月	日
检		

黑1是先手用'O'标出，后手用'X'标出。

7
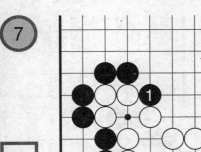

8
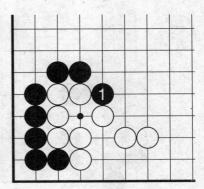

9
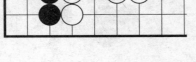
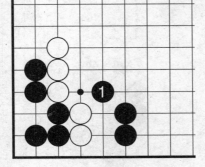

10
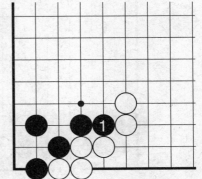

11
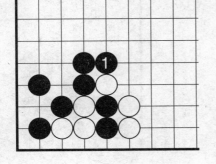

12
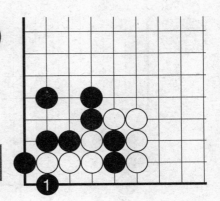

15. 先手与后手

学习日期	月 日
检	

利用先手救活黑棋。（3手）

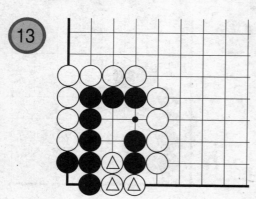

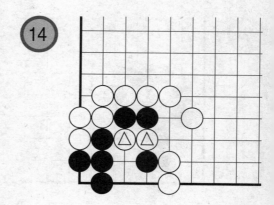

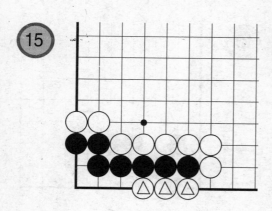

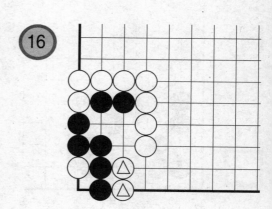

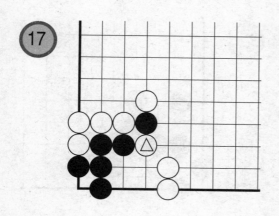

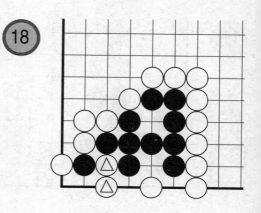

15. 先手与后手

找出先手之处用O表示。

19 2处

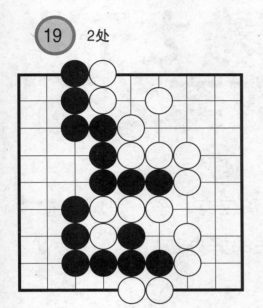

20 2处

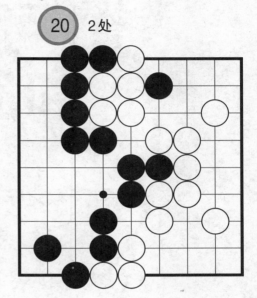

21 2处

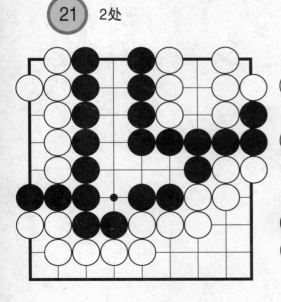

22 2处

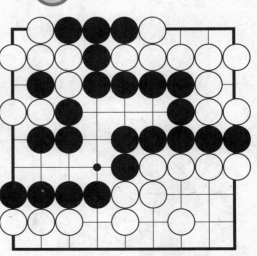

16 可救之子和应弃之子

懂得可救之子和应弃之子，是减少损失的好办法

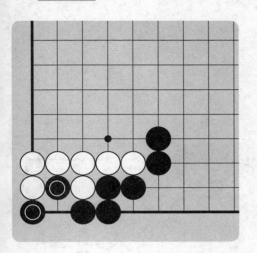

1图 黑先下能救黑 ● 吗?

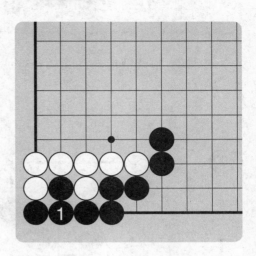

2图 黑1连。

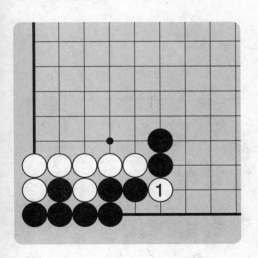

3图 白1叫吃,黑死得更多。

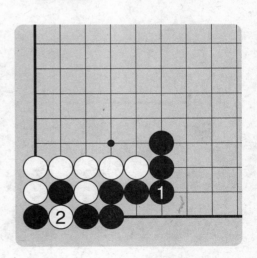

4图 这里,黑1连,弃两子冷静。

16. 可救之子和应弃之子

在黑⚫中请把能救活的棋子救活。（各一处）

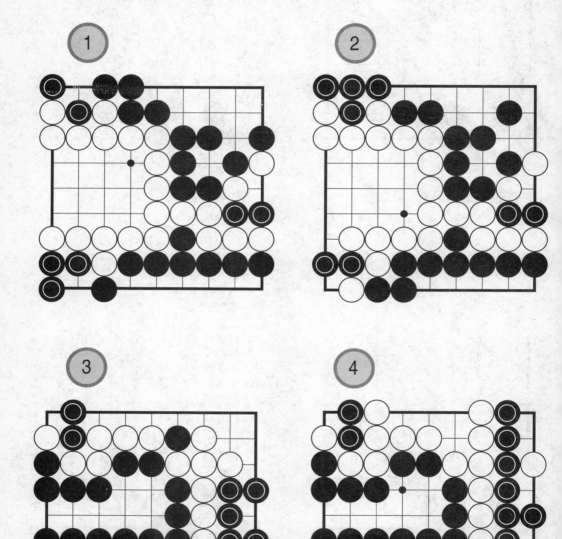

16. 可救之子和应弃之子

学习日期	月 日
检	

在黑 ● 中请把能救活的棋子救活。（各一处）

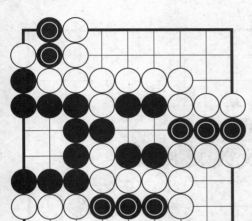

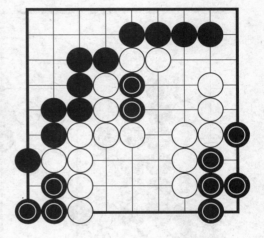

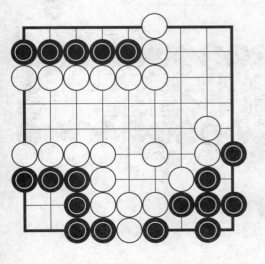

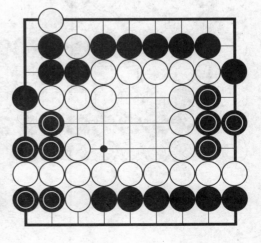

16. 可救之子和应弃之子

在下面的白棋中有能够救活的棋，请把它找出来。

9

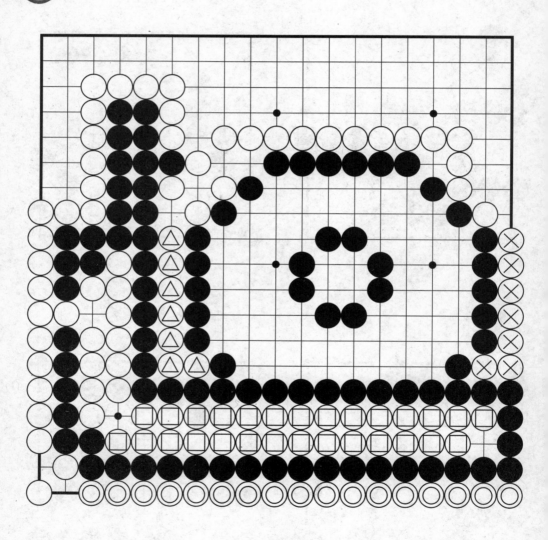

请找出从黑 1到黑2的通路。

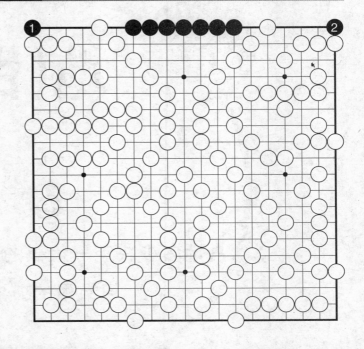

黑棋与白棋谁的模样更坚实?

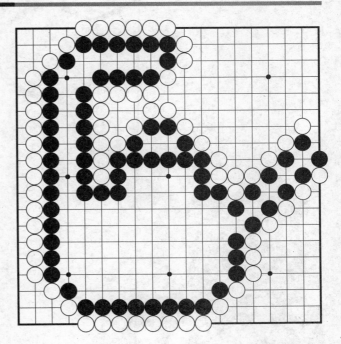

黑 白

17 地(目)

占地多少决定一盘棋的胜负。本章学
习数目的方法。

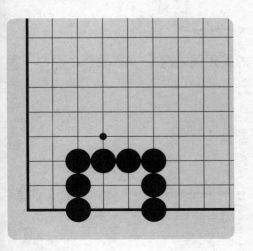

1图 黑棋有几目?

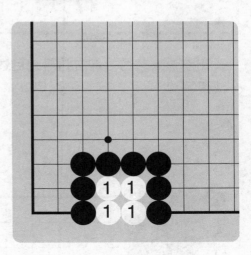

2图 1+1+1+1=4目。

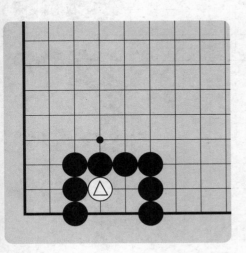

3图 这里多了白 △ 一子黑地是多少?

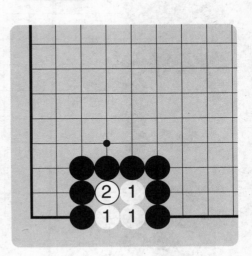

4图 被吃的白1子算两目。因此,黑棋的地为2+1+1+1=5目。

17. 地（目）

找出左边黑地目数和右边黑地目数相同的棋用线连起来。把黑空中的白子算成两目。

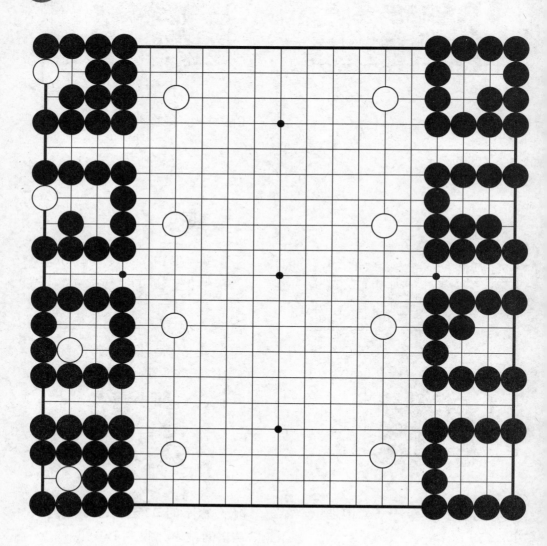

17. 地（目）

找出上边白棋目数和下边白棋目数相同的棋用线连起来。把白棋中的黑子算成两目。

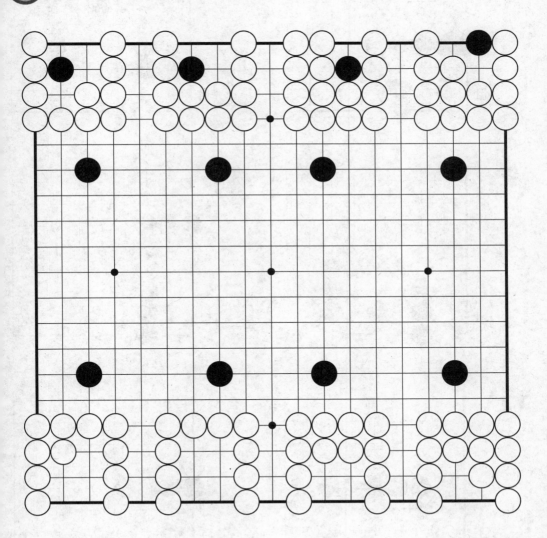

17. 地（目）

学习日期	月　　　日
检	

白1，请将黑完整的围成地之后标出目数。

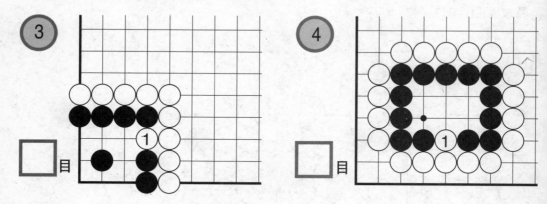

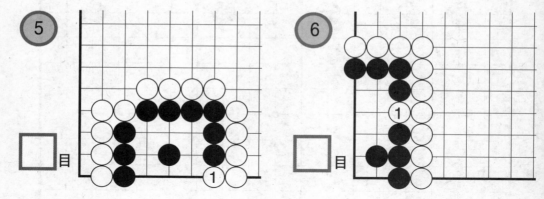

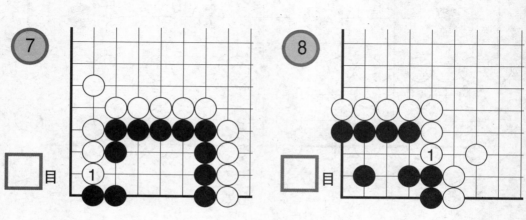

17. 地（目）

棋下完了。谁胜了？将胜方画上○。（黑、白）

9 （黑、白）

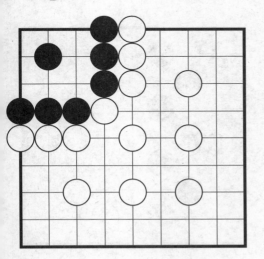

10 （黑、白）

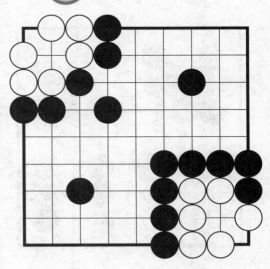

11 （黑、白）

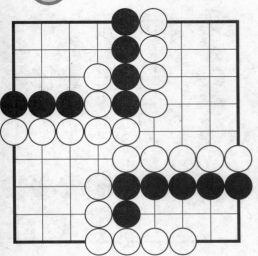

12 （黑、白）

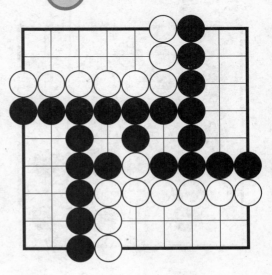

17.地（目）

学习日期		月	日
检			

在A、B、C、D中是黑棋的目用O表示出来，是白棋的目用⬤ 表示出来。

13

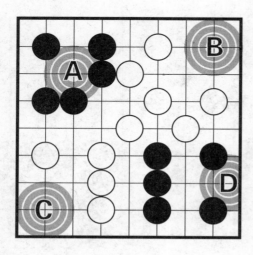

14

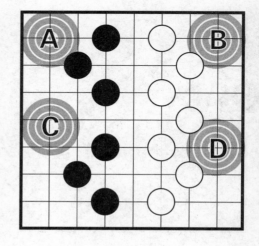

15

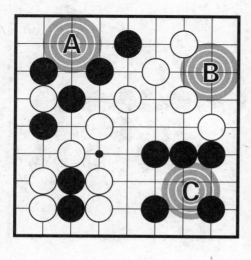

16

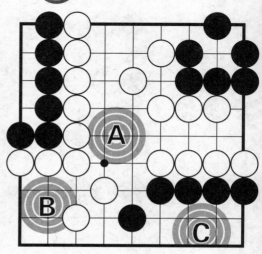

在黑1、2、3、4中找出可到达黑◉的子。

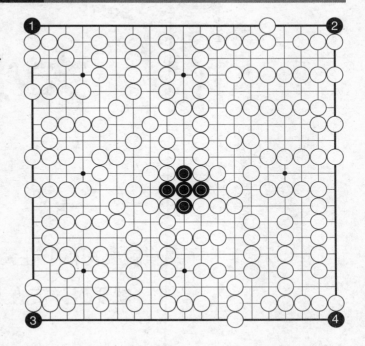

在△○□中找出白先下后能活的棋。

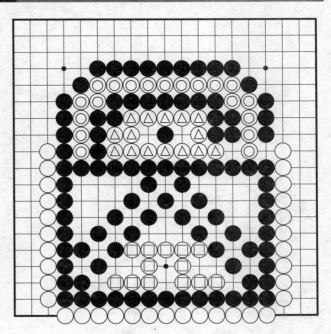

不能活的棋：

大小

为了赢棋就要把棋下在大的地方，为此，
就要区分棋的大小。

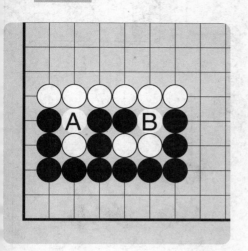

1图 A、B哪个大？

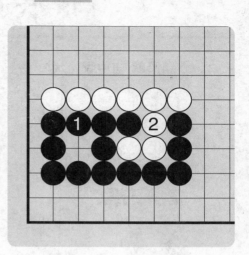

2图 黑1吃一子，白可连回二子。

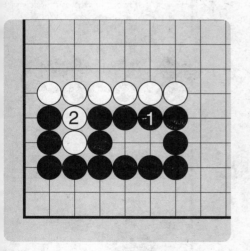

3图 因此，黑1提白两子

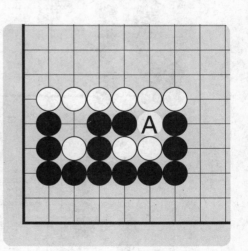

4图 结果，可知A是大处。

18. 大小

在黑△和黑◎当中哪个大?

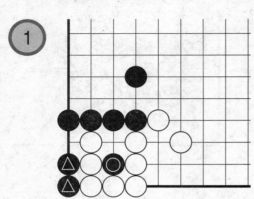

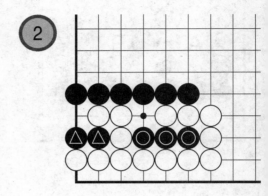

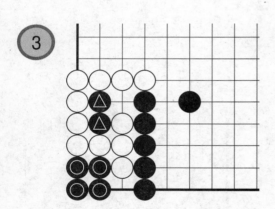

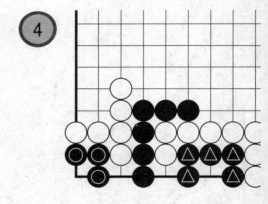

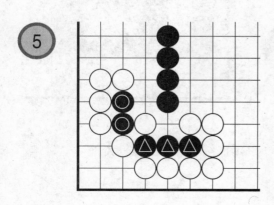

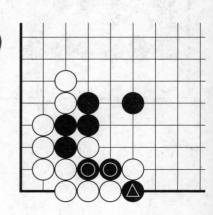

18. 大小

在白△ 和白◎ 当中哪个大。

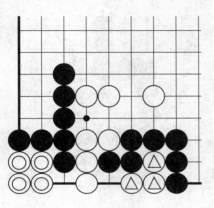

7

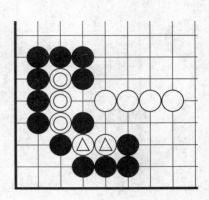

8

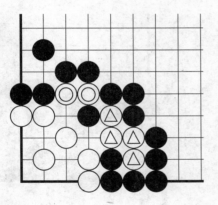

9

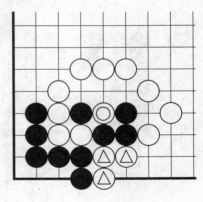

10

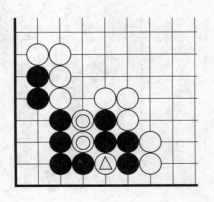

11

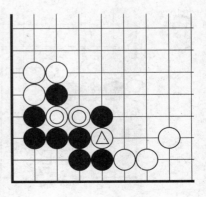

12

18. 大小

学习日期	月	日
检		

在A、B中标出大的地方。

13
A
·
B
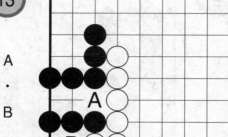

14
A
·
B
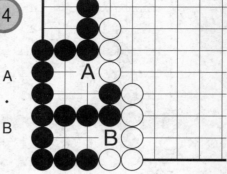

15
A
·
B
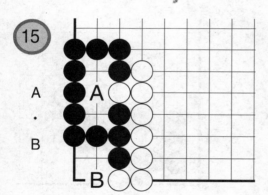

16
A
·
B
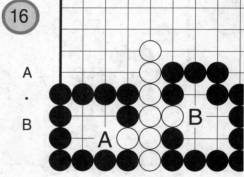

17
A
·
B
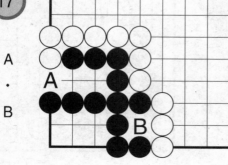

18
A
·
B
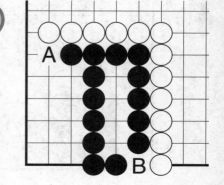

18. 大小

在A、B、C、D中标出最大的棋（用O）。

19　（A · B · C · D）

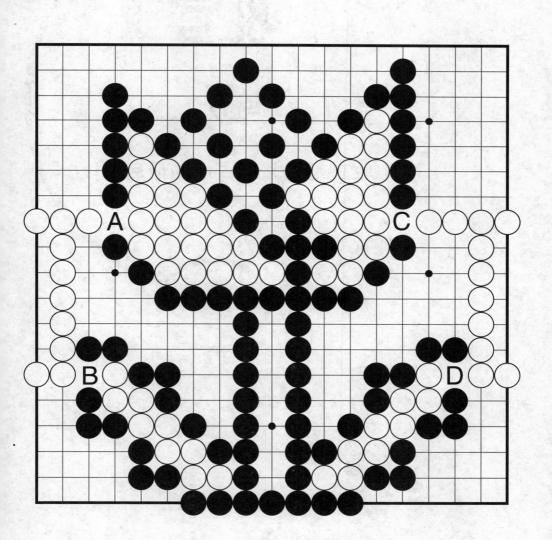

收官

收官是完整地占地的最后阶段。

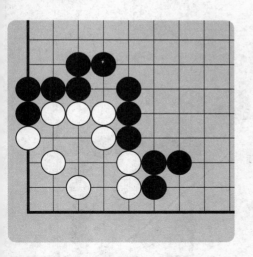

1图 在白地里何处是未完成的官子?

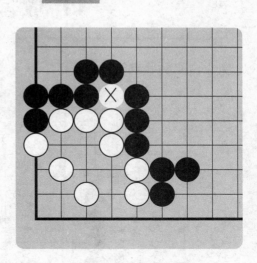

2图 X之处是单官，与目无关。

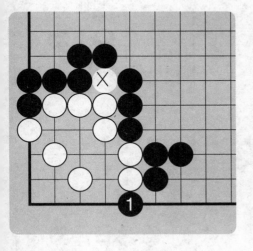

3图 黑1是未完成的官子。

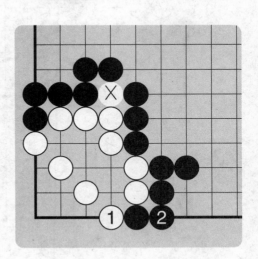

4图 白1挡黑2连，双方确定界线。

19. 收官

完成白棋的收官。(1 手)

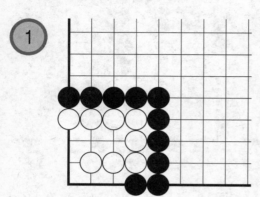

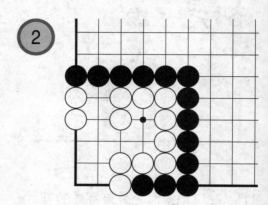

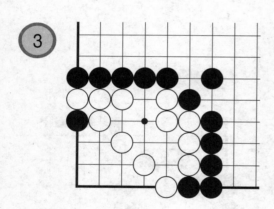

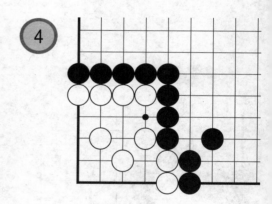

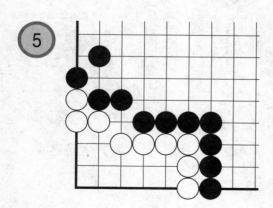

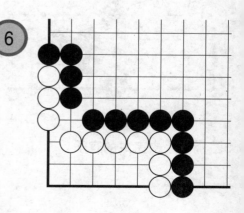

19. 收官

学习日期	月	日
检		

完成黑棋的收官。（1手）

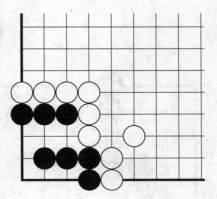

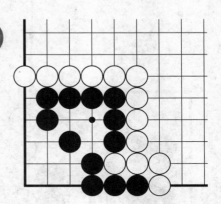

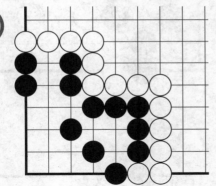

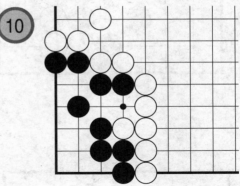

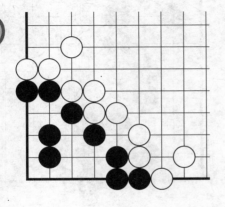

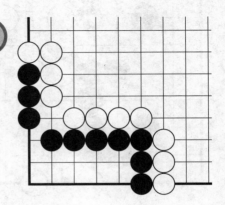

19. 收官

棋已接近尾声，找出收官之处，用O标出。（3处）

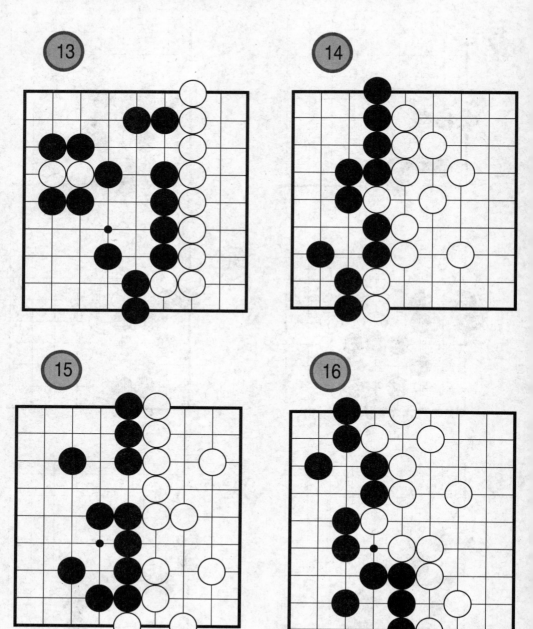

19. 收官

在黑与白的分界线部分找出未收完的官子标出。(3处)

17

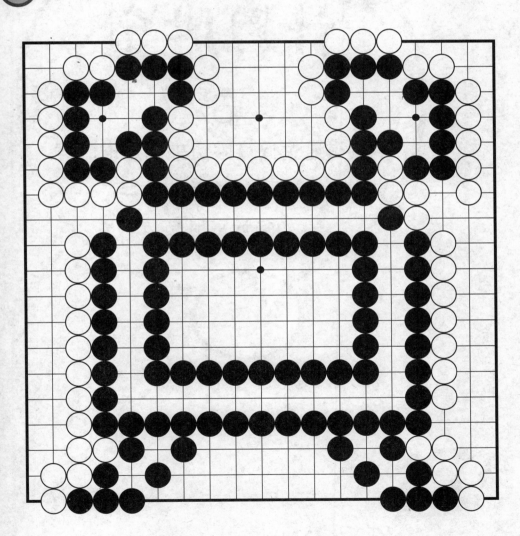

20 计算胜负

下完棋通过计算胜负来确定谁胜谁负。下边我们就来学习如何计算胜负。

20. 计算胜负

基本图。

这是19路棋盘最终胜负计算的局面。

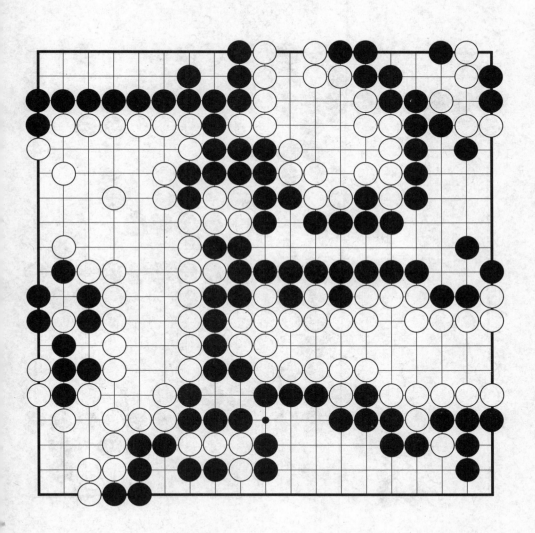

20. 计算胜负

图1 这是拿掉双方死子后的局面。

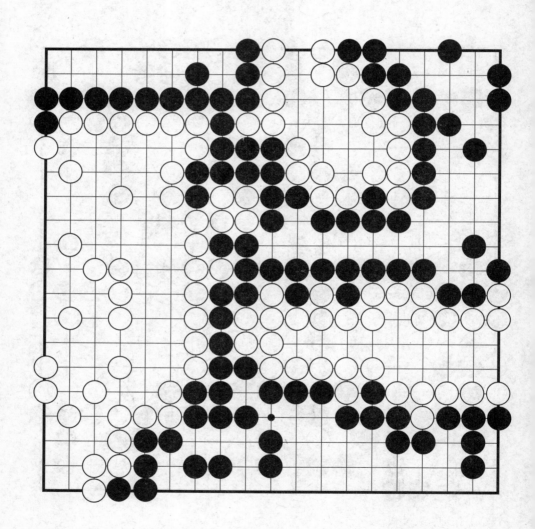

20. 计算胜负

学习日期	月	日
检		

图2　数子时，只需数某一方的子数，另一方的子数可以由棋盘总数361相减而得到。这盘棋我们数白棋。在数白棋的地盘时，我们先数出白棋阵营中比较整齐的部分（通常是先按10个10个的整数位数子），本图的形势是：左边白棋70子，上边10子，右边30子，总计110子。

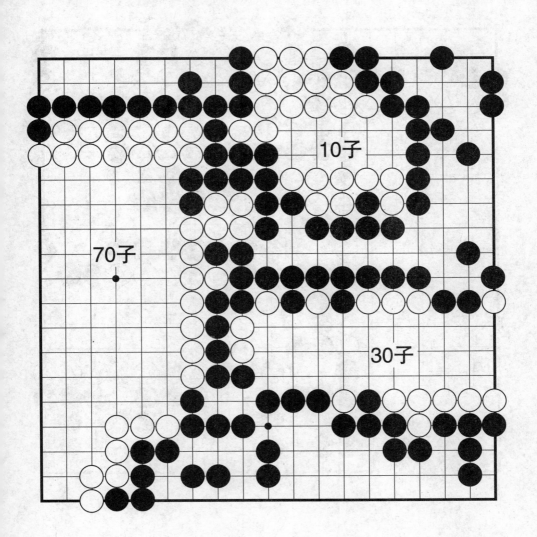

20. 计算胜负

图3　接下来我们再数一下棋盘上剩余的白⊘子，一般情况下裁判会按10个一堆进行计算。如下图。

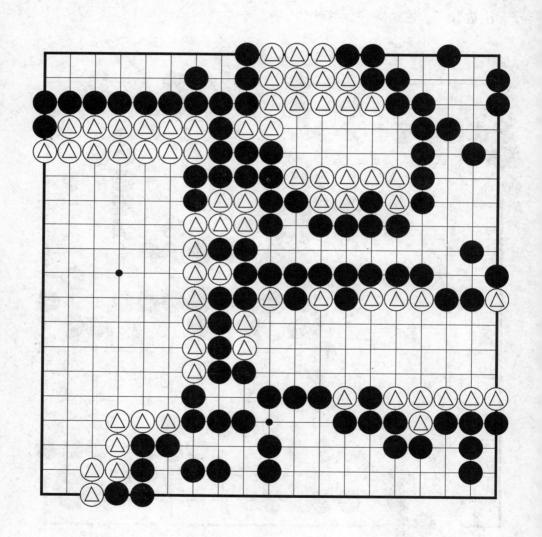

20. 计算胜负

图4 把剩下的白棋10个10个放整齐后就可以很清楚地看出，盘上有69个白子，最后的结果是110+69=179个子。白胜2¼子。因为围棋规则规定，黑先必须贴3¾子。判断胜负的口诀是黑贴3¾子时，黑棋185子胜，白棋177子胜。

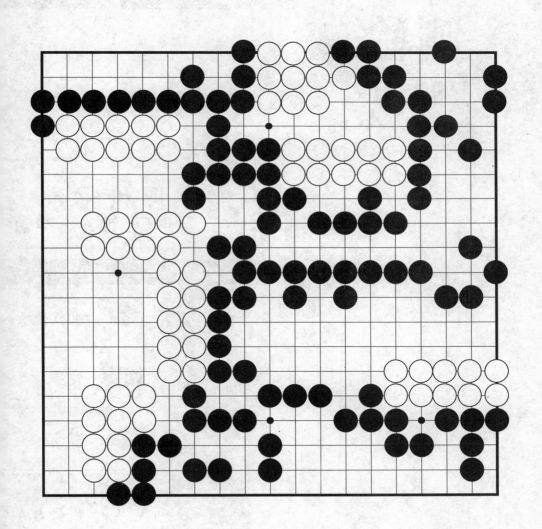

实力
测验

评价标准
限时5分钟，总24题

正解数		评价
24~22		非常优秀
21~18		优秀
17~15		普通
答不足 15题者		需要进一步努力

第1回

实力测验

限时5分钟，总24题

白1时，标出黑的应手。

1 征子

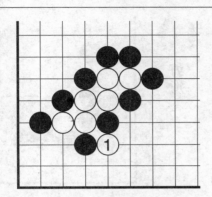

2 罩

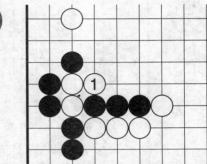

3 死活

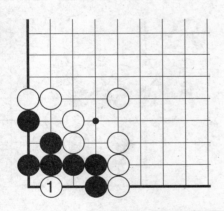

4 送吃

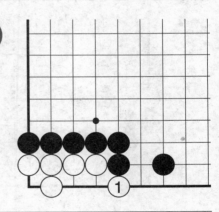

5 送吃

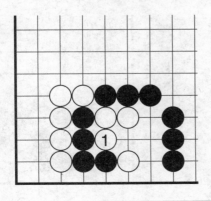

6 见合

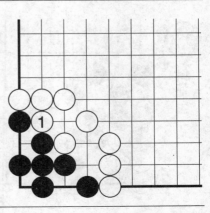

第1回

实力测试

白1时，标出黑的应手。

7 虎口连接

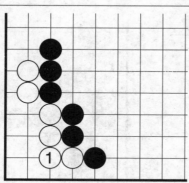

8 好形

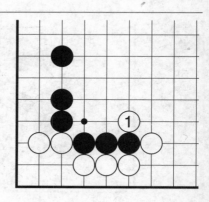

9 先手

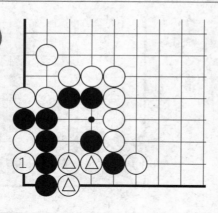

10 守目

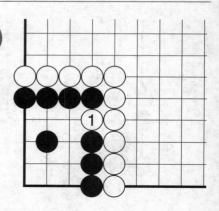

11 倒扑

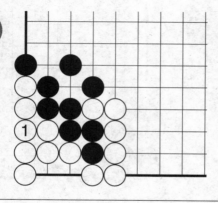

12 对杀

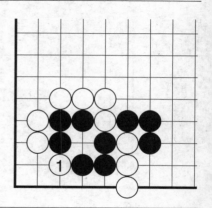

实力测试

黑1是好棋用O标出，相反则用X标出。

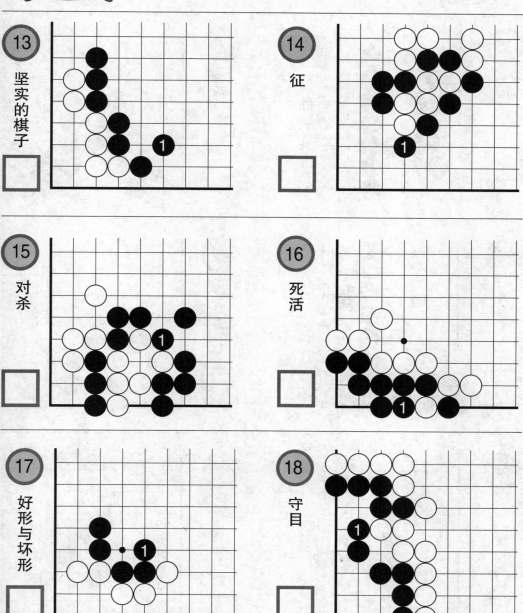

13 坚实的棋子

14 征

15 对杀

16 死活

17 好形与坏形

18 守目

实力测试

黑1是好棋用O标出，相反则用X标出。

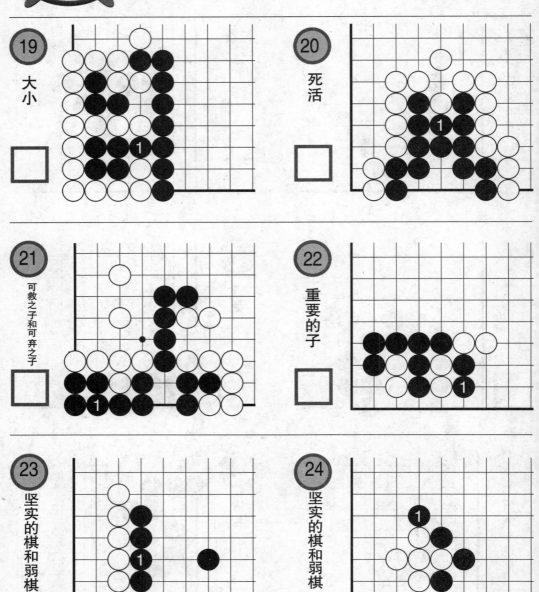

19 大小 □

20 死活 □

21 可救之子和可弃之子 □

22 重要的子 □

23 坚实的棋和弱棋 □

24 坚实的棋和弱棋 □

第2回

实力测验

限时5分钟，总24题

白1时，标出黑的应手。

1 双

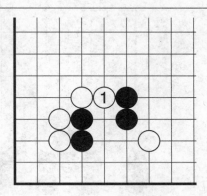

2 罩

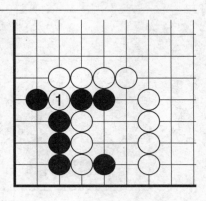

3 与哪块棋作战？

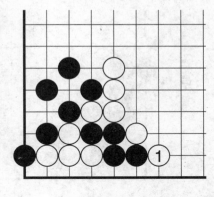

4 送吃

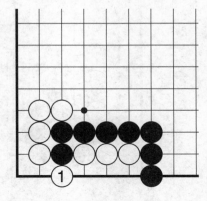

5 死活

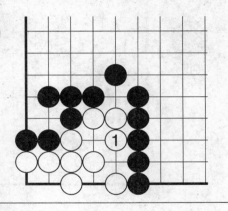

6 送吃与对杀

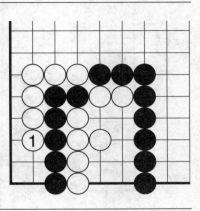

实力测试

白1时，标出黑的应手。

7
吃重要的子

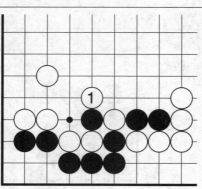

8
见合

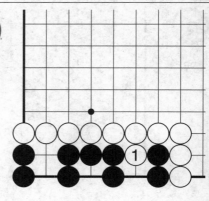

9
坏形

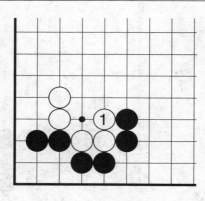

10
收官

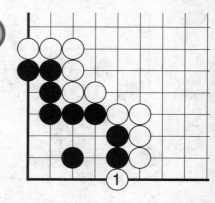

11
大小

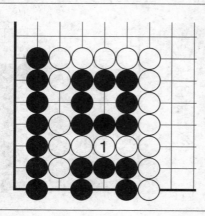

12
收官

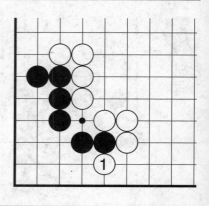

第2回

实力测试

黑1是好手用O表示，相反则用X表示。

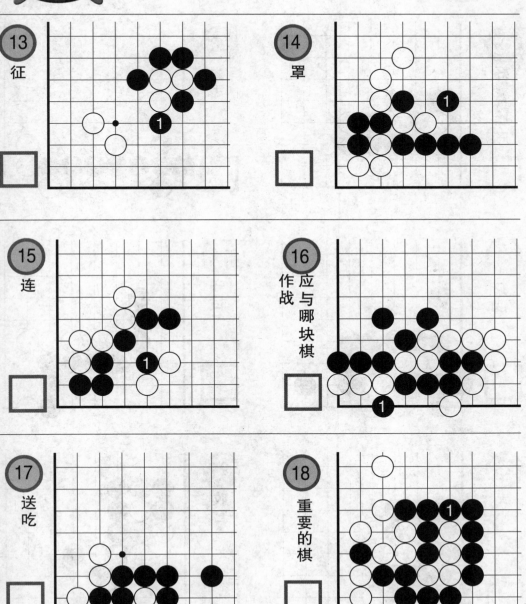

第2回 实力测试

黑1是好手用O表示，相反则用X表示。

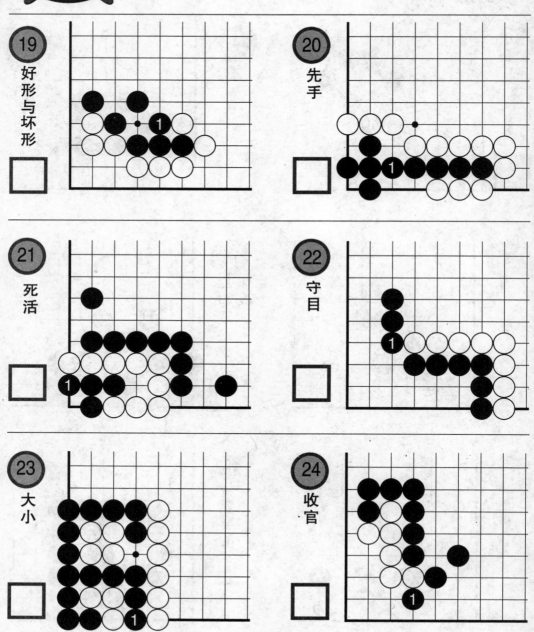

19 好形与坏形

20 先手

21 死活

22 守目

23 大小

24 收官

实力测验

限时5分钟，总24题

白1时，标出黑的应手。

1 虎口连

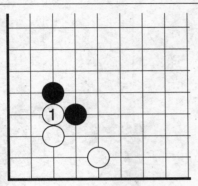

2 罩

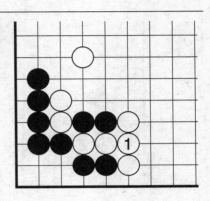

3 送吃对杀

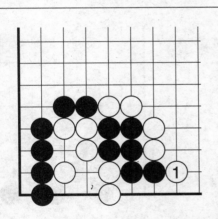

4 倒吃

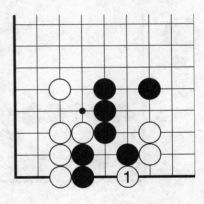

5 送吃

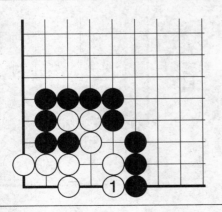

6 4目死活

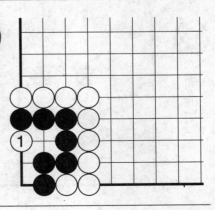

实力测试

白1时，标出黑的应手。

7
送吃

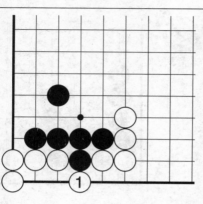

8
送吃

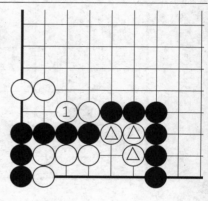

9
重要的棋

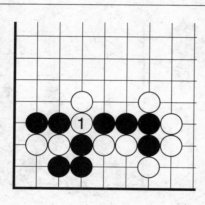

10
见合

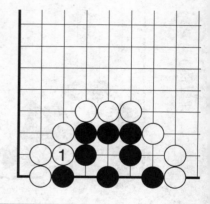

11
坚实的棋

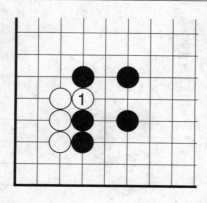

12
守目

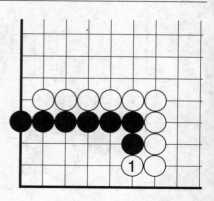

第3回

实力测试

黑1是好手用O标出，相反则用X标出。

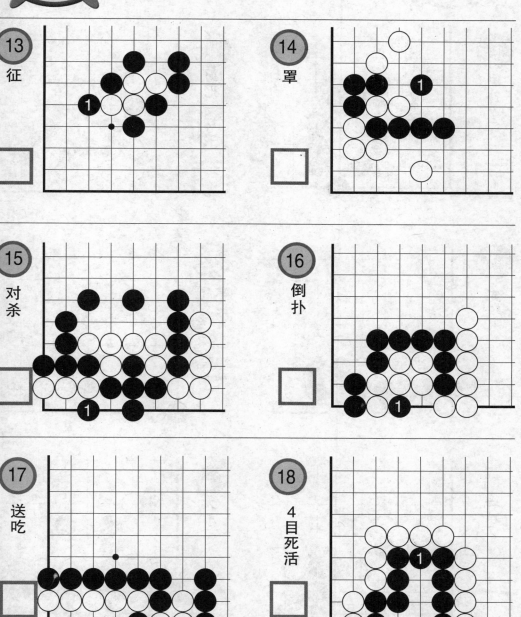

13 征

14 罩

15 对杀

16 倒扑

17 送吃

18 4目死活

实力测试

黑1是好棋用O标出，相反则用X标出。

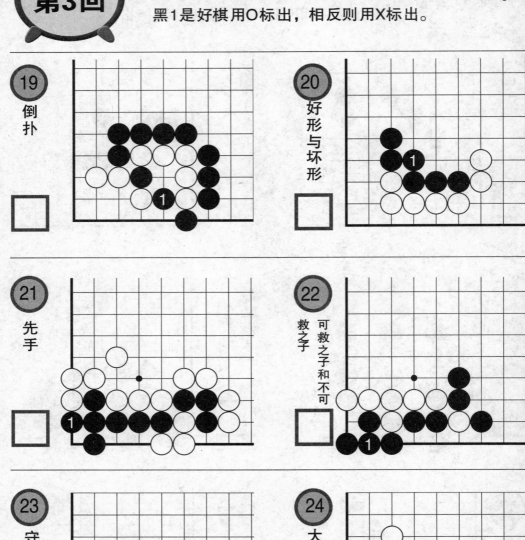

19 倒扑

20 好形与坏形

21 先手

22 可救之子和不可救之子

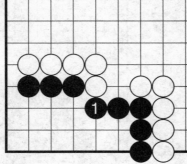

23 守目

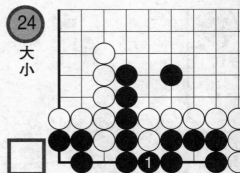

24 大小